LOS
CLANES
ESPIRITUALES
y sus animales totémicos

Título original: SPIRIT CLANS
Traducido del inglés por Miguel Portillo
Diseño de portada: Editorial Sirio, S.A.
Diseño y maquetación de interior: Toñi F. Castellón

© de la edición original
2018 David Carson

© del prólogo
2018, Steven D. Farmer

Publicado con autorización de Hampton Roads Publishing Company Inc.

© de la presente edición
EDITORIAL SIRIO, S.A.
C/ Rosa de los Vientos, 64
Pol. Ind. El Viso
29006-Málaga
España

www.editorialsirio.com
sirio@editorialsirio.com

I.S.B.N.: 978-84-17399-98-6
Depósito Legal: MA-928-2019

Impreso en Imagraf Impresores, S. A.
c/ Nabucco, 14 D - Pol. Alameda
29006 - Málaga

Impreso en España

Puedes seguirnos en Facebook, Twitter, YouTube e Instagram.

David Carson

LOS CLANES ESPIRITUALES

y sus animales totémicos

*Guía y poder personal con
la sabiduría de los indios nativos americanos*

EDITORIAL
SIRIO

La muerte no existe. Solo un cambio de mundos.
Atribuido al jefe Seattle

En cada vida el espíritu humano aparece como
una repetición de sí mismo con los frutos de sus
experiencias previas en vidas anteriores.
Rudolf Steiner

La memoria y la impresión tienen formas
similares. Engendran nuestras tendencias, que
operan continuamente para dar forma a nuestras
vidas, aunque su causa está separada de su
efecto por el tiempo, el lugar o varias vidas.
Traducido por Alistair Shearer
de los *Yoga Sutras* de Patanjali

En recuerdo de un hermoso ser,
Fluffy, nuestro gato, m. 2017

ÍNDICE

AGRADECIMIENTOS

L a colaboración es la naturaleza del proceso creativo. Me gustaría dar las gracias a mis extraordinarias hijas, Jacqui, Sara, Greta, Maggie y Elizabeth, por sus inestimables comentarios y sugerencias, y a mi querida amiga Rhonda por su profundo conocimiento de todo lo espiritual y esotérico. Gracias a la gente de Red Wheel/Weiser y de Hampton Roads Publishing, en especial a Christine LeBlond, editora principal de adquisiciones; a Jane Hagaman, editora general, y a Lauren Ayer, correctora de estilo. Y finalmente, gracias a mi pareja, Karen: tus ánimos y tu experiencia nunca dejan de inspirarme.

PRÓLOGO

Nada más regresar de un retiro intensivo de cuatro días en el alto desierto de Joshua Tree —uno de mis lugares favoritos de la Tierra—, me encantó que me ofreciesen la oportunidad de revisar y escribir este prólogo para *Los clanes espirituales y sus animales totémicos*. Durante el retiro, que trataba de prácticas chamánicas contemporáneas, los participantes recibían mensajes de los animales y las plantas que poblaban el lugar. Los mensajes del Espíritu comunicados a través de esos «representantes» pueden ser de gran ayuda al guiarnos por nuestro camino espiritual.

En *Los clanes espirituales y sus animales totémicos*, David Carson, cocreador del popular mazo oracular *Las cartas de la medicina* (Sirio, 2017), ha desarrollado más este concepto, describiendo cómo cada uno de nosotros estamos profundamente relacionados con una expresión particular del tótem, ya sea animal, vegetal o de otro elemento terrenal. Y no solo eso, sino que también describe cómo nuestra relación con este aspecto se extiende a lo largo de muchas vidas, y se remonta a nuestros primeros antepasados, que desarrollaron una íntima relación con una planta, animal u otra forma de vida natural en concreto. Ese es el tótem de tu clan. La forma de vida que ocupa el centro es el hilo que puede proporcionar una mayor comprensión acerca de tu linaje y tus características, ofreciendo un mapa detallado de tu periplo espiritual.

David describe diversas maneras en las que descubrir al tótem de tu clan y así «volver a conectar con la energía primigenia de tu clan espiritual original». Ello lleva a profundizar en tu práctica espiritual, así como en la comprensión de ti mismo. Ofrece un compendio de la A a la Z, detallando en cada uno de ellos los atributos asociados a ese linaje, así como historias que le hablan al alma de cualquiera que se identifique con ese clan en particular.

Léelo con detenimiento y prueba algunos de los métodos que en él se exponen. Estoy seguro de que te serán de ayuda para identificar tu clan. Medita, peregrina, contempla esa conexión una vez que la descubras y alcanzarás la satisfacción de comprender mejor tu propósito en la vida.

DR. STEVEN FARMER,
autor de *Animal Spirit Guides and Sacred Ceremony.*
Para obtener más información, visitar *EarthMagic.net*

1

LA ISLA DE LA TORTUGA

Ascendió de las aguas oscuras.

El trueno retumbó y las olas rompieron.

Llegaron las lluvias, y sus vientos la azotaron.

No obstante, la Madre Tortuga ascendió. Y
ascendió mucho. Y lo hizo deprisa,
y su enorme caparazón se expandió
en todas las direcciones,
de norte a sur, hasta más allá de lo conocido.
De este a oeste.
Y siguió ascendiendo.

Y siguió ascendiendo.

Su cabeza verde asomó, estirando el cuello,
dos ojos inmensos sobresalieron por encima
del oscuro y turbulento mar,
por encima de las oscuras aguas en ebullición.

Empujaba hacia arriba, y el oleaje batía a lo largo de miles y miles de millas de oscuro océano.

Ascendiendo entre la espuma y separando las aguas.

Con su caparazón verde oscuro y plateado, la tortuga ascendió a la superficie, como si fuese una costra de la tierra que se hubiese liberado.

Cuando al fin descansó durante eones de creación, volvió a quedar cubierta y se convirtió en tierra —en una isla— : la Isla de la Tortuga, nuestra madre bajo los pies. Crecieron los árboles. Crecieron las plantas. Poco a poco fueron llegando animales, de todo tipo. Llegaron.

Y luego llegó la gente. Nacieron los clanes. Y las tribus y naciones. Y levantaron sus campamentos por todas partes, sobre la Isla de la Tortuga, sobre su lomo. Esta isla sagrada sobre la que caminamos era buena.

Todos pertenecemos a una misma familia.

El continente norteamericano siempre fue la Isla de la Tortuga para los amerindios. Toda la tierra, todos los bosques, las montañas, lagos y ríos iban en el lomo de la tortuga. Todos los seres humanos, los animales, peces, aves... vivimos sobre la Isla de la Tortuga. Toda forma de vida. Todo está interconectado.

2

LA APARICIÓN DE LOS CLANES Y SUS GUARDIANES

El trueno habló al principio del mundo, iniciando el largo proceso de la evolución. El mundo fue antaño oscuro y los seres humanos se amontonaban, sufriendo hambre y frío, rogando que llegase la luz. De repente, los rayos dividieron al mundo en dos. Se escuchó un largo y atemorizador gruñido. Se escuchó el primer trueno, tan terrible y aterrador que hizo que hombres, mujeres y niños saliesen huyendo en todas direcciones.

Cuando pequeños grupos de esos primeros humanos se encontraban con un animal u otra entidad, como un árbol, una piedra, una nube o algún otro ser mágico, suplicaban: «Somos débiles. ¿Nos orientarás y enseñarás para que podamos vivir?». Si el animal o la entidad se mostraban dispuestos a enseñarles, esos humanos se convertían en seguidores de ese ser, que pasaba a ser su maestro y guía: el espíritu animado del clan. Ese, según se cuenta en la historia oral y los mitos tribales, fue el origen de los clanes y sus guardianes.

3

¿QUÉ ES UN CLAN ESPIRITUAL?

Hay pruebas de que nuestros primeros antepasados vagaron por la Tierra hace más de ochocientos mil años. Los seres humanos no eran la especie dominante, más bien al contrario. Pero contaban con un fuerte instinto de supervivencia. Los clanes espirituales nacerían de su necesidad de evolucionar. Y de los animales aprendieron cómo alimentarse y cobijarse. Los humanos se agruparon de esta nueva manera y desarrollaron un orden social. Debemos nuestra supervivencia, nuestra existencia, a las sabias enseñanzas de los clanes espirituales.

Los animales totémicos no son animales de poder. Los animales de poder son espíritus guías personales que acompañan a un solo individuo. Los animales de poder emergen de visiones, sueños, meditaciones u otras experiencias chamánicas. Pueden ser mamíferos, aves, reptiles o incluso criaturas mitológicas, como unicornios, dragones, caballos alados u otros animales parecidos. Los animales de poder otorgan sabiduría y añaden poder personal.

Puede que el espíritu de un clan coincida con tu animal de poder. El águila puede ser tu animal de poder y también el de tu linaje. Un animal de poder fortalece tu poder personal. Un clan es el grupo original que comparte la impronta de un alma primigenia. Todos pertenecemos a un clan espiritual y su espíritu es la luz ardiente en nuestro corazones. Una luz que ha sido cubierta. El amor que nos enseñó ese espíritu nos ha guiado a través de nuestra evolución y supervivencia. Nuestro clan es en realidad nuestra bendición original y cada uno de nosotros portamos sus memorias.

Muchos clanes son guiados por espíritus animales, pero una planta o un objeto como una piedra, una concha o una flecha, o incluso un elemento, como el fuego, también pueden cumplir esa función. Esos espíritus protectores, esos tótems y sus enseñanzas ocupaban el centro místico de los clanes. Los clanes eran una identidad, una fuente segura de formación y protección, y un depósito de potente energía sinérgica. Los clanes espirituales fueron los primeros que nos enseñaron el sentido de ser y nos proporcionaron guía sobre cómo vivir una vida buena, con sentido y trascendente.

Existieron incontables clanes repartidos por el mundo y por lo tanto tu tótem no tiene por qué aparecer mencionado en este libro. Los clanes representan nuestras raíces espirituales más antiguas, nuestra primera codificación y el origen de nuestra esencia mística. Se considera que el espíritu del clan es tu progenitor, tu espíritu madre y padre. Este conocimiento puede sacarte de las oscuras aguas de la confusión. Descubrir el tótem de tu clan puede capacitarte, fortalecerte y despertarte. Conocer tu clan te ayudará a sobrevivir y a prosperar en estos tiempos turbulentos, confusos y cambiantes.

Los clanes espirituales trascienden países y culturas, tiempo y espacio. Todo lo que nuestro tótem contiene acaba manifestándose. Cuando nos relacionamos con una persona afín de nuestro clan, se crea una potente sinergia. Cuando se reúnen dos o más personas con el mismo objetivo espiritual, la energía aumenta considerablemente. Los clanes espirituales pueden unificarnos en esta época de desunión. Su luz brillará, renovando la luz y el calor en nuestros corazones.

La clave es conocerse a uno mismo. Desconocer las propias raíces puede provocar una sensación de pérdida y separación. Todos tenemos un clan original. Forma parte de nuestro patrimonio. Tu clan proviene de los principios ancestrales. Los clanes proporcionan una conexión indescriptible con la fuente de toda vida. Un clan es el verdadero Santo Grial, una búsqueda espiritual en nuestro interior.

Las mujeres fueron las guardianas de las enseñanzas y la sabiduría del clan. Los jefes de los clanes, tanto hombres como mujeres, eran seleccionados por la Madre del clan, que era responsable de la transmisión de todas las tradiciones del clan. Todo el mundo, consciente o inconscientemente, nace en un clan con un tótem original. De acuerdo con ello, a los individuos se les prohibía casarse con un miembro de su propio clan porque a cada uno de ellos se lo consideraba un hermano o hermana espiritual.

Los clanes son de naturaleza espiritual y no existen como instituciones propiamente dichas. Más bien, tu clan es únicamente un vínculo espiritual con tu ser antediluviano, tu principio, tu orientación esencial y tu identidad más antigua. Los clanes espirituales arden en el corazón y son una pasarela hacia la comprensión de quiénes somos.

Los clanes son anteriores a los registros históricos. Los recuerdos de los clanes están contenidos en fenómenos intrapsíquicos enterrados en nuestro inconsciente colectivo. Son transpersonales pero también personales. Tu clan es único y específicamente tuyo.

Con la excepción de algunas tribus y culturas aborígenes, los clanes espirituales surgen en los márgenes, en las intersecciones de coincidencia y destino. Son enormemente importantes para conocerse uno mismo, y la información recabada a partir de este descubrimiento subjetivo está dotada de poder, un poder proveniente de la reconexión con las fuerzas primigenias que han modelado tu vida, y que gracias a este descubrimiento ahora puedes recuperar. Retrocedemos en esa suma conocida como tiempo hasta nuestros primeros recuerdos existenciales en el centro del ser.

En la actualidad, existen numerosas sociedades femeninas y masculinas, que son fragmentos de restos olvidados de clanes espirituales. Por ejemplo, algunas de las sociedades femeninas que recibieron y honraron a los veteranos que regresaban de las guerras y se ocuparon de ellos. Algunas mantienen genealogías y linajes. Algunas guardan antiguos objetos de poder como pipas y hatillos de medicinas sagradas. Hay grupos corales comprometidos con la conservación de cantos y bailes de poder. Algunas de esas sociedades se incubaron a partir de la desintegración de clanes olvidados desde hace largo tiempo. Las sociedades son guardianas de conocimiento ceremonial que de otro modo pudiera haberse perdido o destruido. Gracias a esas sociedades y a través de los clanes y de su conexión con un pasado remoto, la sacralidad continúa.

Este libro no es sino un álbum de recuerdos, un álbum de posibilidades: tengo la esperanza de que a través de sus páginas sientas la llamada de ese gran poder interior al que no puedes resistirte y del que no puedes escapar. Te ruego que descubras el mapa oculto que te llevará hacia tu clan y su tótem en algún lugar entre estas páginas, que halles tu camino adecuado, tu camino familiar, y que traigas de regreso esa memoria a tu vida.

4

EL CAMINO DEL CHAMÁN

Los antiguos chamanes fueron los primeros psicólogos. Los chamanes podían leerte. Podían verte y saber cuáles eran tus problemas y dificultades. Conocían tu clan y qué medicina, cántico o acción darte de acuerdo con él.

Podían cantarte una canción, tal vez un canto que respondiese a todas tus preguntas. Sus cantos podían durar unos minutos o todo el día hasta bien entrada la noche, y albergaban una gran visión, un profundo saber. Los chamanes no hablaban. Cantaban. Tañían los tambores. Te tocaban con una pluma y despertaban nuevos lugares en tu interior.

Cuando percibían tu divinidad, lo comunicaban cantando. El canto te envolvía. Cantaban que toda la materia es sagrada, polvo de estrellas, sean plantas, animales o cualquier niño o criatura de la Tierra. A través de las palabras te abrazaban en sus corazones. Cantaban que existen muchas fases, muchas vidas, en el interior de las aguas bravas del espíritu, en la vasta extensión de tu ser. El canto te bañaba y se entretejía en ti y a tu alrededor, y se llevaba tu sufrimiento.

Los chamanes son sanadores, curanderos, doctores del poder aborigen y practicantes tribales. Adivinan, llevan a cabo rituales y cuentan con habilidades únicas como la visión remota y la comunicación con animales. Son intercesores entre el mundo natural y las esferas sobrenaturales. El término *chamán* surgió en Siberia donde lo utilizaban para referirse a «una persona que sirve». Ahora la palabra ha dejado de ser específica de una cultura y es sobre todo utilizada para describir a aquellos que aparentemente poseen poderes numinosos.

Los chamanes están conectados con la naturaleza y con el espíritu de los animales. Saben que todo animal es un maestro. Quienes han pasado por un aprendizaje chamánico y han descubierto a sus aliados animales han aprendido que contamos con la capacidad de recuperar niveles de comprensión a través de una conexión cercana con ellos. Al emprender exploraciones interiores para revitalizar esos recuerdos perdidos, podemos renovar la vitalidad y aumentar nuestra conciencia. Así se canta al corazón.

Los animales poseen atributos que son arquetipos de conocimiento más profundo. Árboles, rocas, lagos y ríos también tienen mucho que impartir y esas criaturas, objetos y fenómenos naturales contienen divinidades y poderes sobrenaturales. Cada uno de nosotros estamos relacionados con ese conocimiento a cierto nivel. Este vínculo inicial contiene la naturaleza de nuestros clanes ancestrales, nuestras primeras identidades sociales. De una u otra manera, las enseñanzas de los clanes nos condujeron desde nuestro légamo primigenio hasta la tecnocracia actual.

Los chamanes han experimentado muchos planos de existencia, el mundo cotidiano y muchas variedades de lo sobrenatural. Leen las señales y saben sobre cosas invisibles. Son únicos, cada uno responde a sus pautas y rasgos culturales. Algunos son soñadores, expertos en sueños y en su interpretación. Están familiarizados con el mundo sobrenatural y permanecen en comunicación con espíritus buenos y malos. Algunos son hechiceros. Otros pueden ser videntes y profetas. A menudo disponen de extraños dones, como la capacidad de localizar objetos perdidos o robados, encontrar caza, predecir el tiempo y curar a distancia. En la actualidad, existen chamanes urbanos que señalan que hay espíritus poderosos que no solo moran en árboles, lagos, montes y cualquier otro elemento de la naturaleza, sino también en nuestros automóviles, ordenadores, teléfonos móviles, trituradores de basura y otros artilugios. Incluso los edificios —ya sean antiguos o contemporáneos— albergan un espíritu.

Los chamanes son poderes en la sombra y señores de la energía espiritual. Te ayudan de muchas maneras: remediando desequilibrios, conquistando el miedo, descubriendo tu propio sendero, hallando tus lugares de poder y despertando aspectos de tu ser perdidos y ocultos. Una vez que estás insuflado de poder, un chamán puede conducirte a tu clan primigenio y a tus bendiciones originales. Esta transferencia puede suceder en segundos o a lo largo de un prolongado aprendizaje durante años.

Los chamanes eran los «elegidos» que tenían acceso al mundo de los espíritus. Podían comunicarse con el tótem de un clan, interpretar sus deseos y advertir al clan. Por ejemplo, la serpiente enseña astucia, sabiduría y equilibrio, y los miembros de ese clan manifiestan esos atributos. Los integrantes del Clan de la Serpiente saben mantenerse en silencio y, cuando es necesario, golpear con mucha fuerza. Algunas tribus afirman que las serpientes controlan el tiempo, y que si no se apaciguara a la serpiente benevolente, los espíritus de las cosechas morirían. Las cosechas necesitan precipitaciones para crecer y es el chamán quien intercede ante el espíritu de la serpiente para mantener la armonía en el mundo natural. Las serpientes y los seres humanos participan juntos en las ceremonias de petición de lluvias, que aportan equilibrio, curación y estabilidad a la tierra de una manera muy elemental. A los chamanes de los clanes de la serpiente se les suele pedir que lleven a cabo esas ceremonias.

Los animales nos hablan de maneras singulares y todas las culturas chamánicas lo saben. El chamán conoce que los animales y los seres humanos están conectados mediante un vínculo inquebrantable. Lo que afecta a insectos, peces, mamíferos, reptiles y pájaros afectará también, tarde o temprano, a los seres humanos. El chamán se esfuerza constantemente para ajustar las influencias negativas y recuperar el equilibrio original que nos acerca a la naturaleza. Eso, a su vez, beneficiará a toda la vida y al propio planeta.

Recordemos que los animales totémicos existen en la base de la consciencia, un potente centro de atención y un lugar en el que reclamar poderes originales. El umbral a tu ser secreto perdido, a tu clan, puede abrirse para ti. Se abre a la matriz de retorno en el interior del refugio de los recuerdos perdidos, que ahora permanecen ocultos.

Existen diversas maneras de acceder a este «recordar» mediante técnicas chamánicas como sueños, visiones y estados alterados, utilizando regresiones a vidas pasadas y en el aprendizaje personal con un chamán. Esos enfoques pueden ayudarte a identificar y descubrir cuál es tu clan ancestral particular y único, y reclamarlo como propio.

SUEÑOS

Los sueños están cargados de simbología, pero los símbolos le pertenecen al que los sueña. Cada uno debe preguntarse qué es lo que indican esos importantes objetos, personas, animales, lugares y símbolos. Obviamente, desarrollar la capacidad de lidiar con los sueños requiere de un aprendizaje que se desarrolla con el tiempo. El secreto de los sueños, claro está, radica en prestar atención y en escuchar. Considera los sueños como una indicación en el camino, como el mapa que hay que seguir.

Implicarse en estas prácticas requiere paciencia y dedicación. Pudiera ser necesaria una deconstrucción de creencias. En primer lugar debes aprender a interactuar en el plano onírico con objetos, plantas, animales o personas significativos, a fin de pedir su ayuda y orientación. Esos serán los mentores y consejeros de tu búsqueda. Carlos Castaneda se refirió a esta técnica como «sueño lúcido». En los sueños podrías descubrir conexiones y pistas que te conduzcan a tu clan.

Otro método es pedirles a tus sueños y a tu cuerpo onírico que busquen tu clan colectivo y te pongan en contacto con él. Para ello es necesaria una programación onírica determinada y deliberada. Los chamanes suelen instruir a un aprendiz en la materia para que adquiera la capacidad de utilizar sus manos y caminar de manera consciente en los sueños. Una vez asimilado esto, el aprendiz de sueños puede aprender cómo buscar y encontrar su clan espiritual original. Si sigues este camino tal vez te descubras en medio de tu clan mientras sueñas. Podrás interactuar y conocer a tu clan original, y esa puerta se te habrá abierto.

Los sueños pueden despertar recuerdos de vidas pasadas. Muchos afirman haber escuchado sonido de tambores y cantos. Han visto fogatas parpadeantes y vagas siluetas. Algunos regresan a esos sueños para descubrir a una madre del clan o al jefe del clan. Los sueños pueden aportar conexiones importantes con tu pasado ancestral.

VISIONES

Las visiones son un potente mensaje que te conduce a tu clan espiritual. Las visiones son personales, una forma de elevación de conciencia. Existen evidencias de visiones que se remontan a los primeros vestigios de las civilizaciones humanas. Las visiones trascienden el pensamiento racional y tienen lugar en el contexto de un profundo estado místico. Algunos visionarios afirman que sus visiones son puro éxtasis. Las visiones van desde lo espectacular hasta lo mundano, desde lo profético hasta lo turbador y críptico. Algunas personas se pasan toda una vida desentrañando el significado de sus visiones.

Muchas escrituras sagradas contienen material visionario. La Torá, la Biblia y el Corán narran muchos episodios de este tipo. Están las increíbles visiones de Hermes que narran un encuentro con Osiris, que lo instruye sobre el camino de las almas. Santa Teresa de Jesús, santa Catalina de Siena y san Juan Evangelista son todos famosos visionarios. A lo largo de la historia se han dado relatos visionarios sobre ángeles, demonios, diosas, dioses y resplandecientes seres de luz.

Las visiones suelen llegarles a individuos con una orientación espiritual. Puede tratarse de una única visión o de una serie de ellas. Muchas visiones, la mayoría, son de naturaleza religiosa o espiritual. Pueden llegar durante la oración o la meditación, estando en el banco de una iglesia o en la cima de una montaña. Es posible experimentarlas dando un paseo por el parque o sentado en una cafetería. Al igual que los sueños, las visiones también pueden contener experiencias de vidas pasadas.

ESTADOS ALTERADOS

La mayoría de las culturas indígenas con tradiciones chamánicas cuentan o han contado con medios para alentar estados de consciencia alterados. Con la debida formación, algunas de esas técnicas también pueden conducirnos a la causa original en nuestra primigenia evolución humana y al origen de nuestro clan. Algunas de esas técnicas tienen miles de años. Existen muchos métodos para provocar estados alterados. Algunos pueden ser iniciados por cantos, aislamiento, privación del sueño, ayuno, control de la respiración o bailes. Muchas plantas y drogas psicotrópicas también los inducen: el alcohol, el tabaco, el peyote, la ayahuasca, el LSD, el DMT, las setas alucinógenas y otras muchas sustancias son susceptibles de facilitar una profunda conexión interior con lo numinoso.

Los consumidores de esas drogas suelen tener experiencias extracorporales y bien elevarse por encima de su cuerpo o bien sumergirse en las profundidades de la tierra, donde visitan a sus antepasados y conversan con ellos. Pueden llegar volando a los cielos más elevados y penetrar en otras muchas esferas. También pueden llegar a hablar con animales de poder o con guías personales o ver lo que está sucediendo en lugares distantes en la realidad ordinaria.

REGRESIONES A VIDAS PASADAS

Las regresiones a vidas pasadas son un método hipnótico para recuperar recuerdos anteriores al nacimiento. Tras una sesión ideal, sería posible recordar, y más tarde registrar, esas experiencias. Podría ser posible sentir, ver, escuchar o atisbar el momento de nuestro primer despertar de consciencia como organismo humano.

Las regresiones a vidas pasadas son una experiencia espiritual y te proporcionan acceso a tu clan original. El desarrollo y el propósito espiritual alcanzan su punto culminante gracias a la progresión del alma a través de una secuencia de vidas.

Durante la regresión a vidas pasadas, deberás confiar en ti mismo, permanecer en una actitud de desapego y ser capaz de ver y experimentar, sin emoción, una vida pasada. Debes regresar a tu primera encarnación, a la chispa inicial de conciencia de la propia identidad y de despertar de la consciencia. Un hipnotizador o terapeuta cualificado puede utilizar la hipnosis o la meditación guiada para conectarte con los recuerdos de tu primera vida. El objetivo es recordar los dones espirituales que fueron tus primeros guías. Puedes llegar a desentrañar dónde se encuentran en el interior de esta antigua memoria. ¿Cuál es el paisaje? ¿Con quién se vinculaban? ¿Cuál es su clan y cuáles son las enseñanzas del clan? Debes mantener esos recuerdos e iniciar valientemente tu viaje a través de las múltiples vidas y los yoes paralelos que has ido experimentando hasta el momento presente.

La regresión a vidas pasadas suele ofrecer revelaciones sorprendentes sobre nuestros bloqueos, sobre las extrañas razones que hacen que repitamos patrones perjudiciales. Puede identificar las causas de una ansiedad profundamente arraigada y despejar la energía negativa que se acumula a su alrededor. Nuestros asuntos personales parecen simplificarse. Nos volvemos menos reactivos porque los traumas de vidas pasadas quedan resueltos y dejan de dominarnos. Descubrimos en nuestro interior nuevos talentos y capacidades perdidos. Estas no son sino unas pocas de las virtudes que entraña la regresión a vidas pasadas.

La regresión a vidas pasadas es de naturaleza espiritual y puede provocar potentes revelaciones aplicables a la vida presente. En la mayoría de los casos, las personas inestables no deberían intentarlo sin la ayuda de un regresionista cualificado, versado en paisajes interiores y en el viaje en el tiempo y su potencial transformador.

La recuperación de una vida pasada es un regreso a un recuerdo perdido almacenado en nuestra interfaz energética con el universo, el mundo de la creación y la cocreación. Los seres humanos estamos unidos con el cosmos. Poseemos una constitución electro-psicomagnética, es decir, una complicada red de receptores de ondas cósmicas de energía supracognitiva que se desplazan a través del espacio.

La consciencia consiste en tres partes subjetivas: el inconsciente, el consciente y el supraconsciente. Nuestro inconsciente puede ser un almacén de contenido reprimido, de todo lo desagradable que ha habido en nuestras vidas y que no hemos podido procesar, un iceberg de confusión y dolor enterrado. La tarea del inconsciente es hacer que nuestro corazón siga latiendo, nuestros pulmones respirando y otros sistemas orgánicos funcionando.

Sin embargo, nuestra mente consciente es nuestra visión de la realidad: lo que creemos que sucede y lo que creemos que es verdad. Es la conciencia del momento presente, lo que puede estar sucediendo fuera de nosotros mismos. Define las normas sociales. Es nuestro aparato pensante, el centro de nuestras funciones mentales subjetivas.

La mente supraconsciente es la mente fuera de nuestra mente. Es el tapiz de la comprensión universal, la mente trascendente que conoce el todo y a todo. Es nuestra mente más profunda y perspicaz, una mente que posee auténtica sabiduría. La mejor forma de procesar un recuerdo de una vida pasada es permanecer en la supraconsciencia mientras se examinan el consciente y el inconsciente.

Podemos beneficiarnos en extremo de las regresiones a vidas pasadas y de observar nuestros patrones de hábitos perdurables. Puedes llegar a comprender la razón de dolencias y apegos, y reconocer dotes reprimidas y enterradas. Y lo más importante: puedes acceder a tu clan original y al camino que habéis recorrido a través de muchas vidas.

Antes de participar en regresiones a vidas pasadas, intenta abstenerte de utilizar medios de información durante cierto período de tiempo. No te enganches a los movimientos de la frenética mente grupal. Intenta fusionarte con la simultaneidad de tu espíritu en otras vidas permaneciendo abierto a todas las posibilidades.

Y por encima de todo, permite que el corazón y la intuición te guíen a recuerdos largamente reprimidos. Ábrete al recordar creativo permitiendo que tu mente se funda con el fluir de la conciencia universal. Tus vidas pasadas y tu clan te encontrarán, si así lo deseas.

APRENDIZAJE CON UN CHAMÁN

No hay un sistema o un camino fácil en el aprendizaje chamánico. Puedes empezar leyendo algunos de los grandes libros sobre el tema del chamanismo, de escritores como Carlos Castaneda, Frank Waters, Black Elk, John Stands In Timber y Tom Yellowtail. *Seven Arrows* [Siete flechas], de Hyemeyohsts Storm, fue uno de los primeros libros que ofrecieron una explicación clara y comprensible de la rueda de la medicina, una importante herramienta chamánica. *Rainforest Shamans: Essays on the Tukano Indians of the Northwest Amazon* [Chamanes de la selva tropical: ensayo sobre los indios tukanos del Amazonas noroccidental] y *Entering the Circle: Ancient Secrets of Siberian Wisdom Discovered by a Russian Pshychiatrist* [Entrar en el círculo: secretos antiguos de sabiduría siberiana descubiertos por una psiquiatra rusa], obras de la doctora Olga Kharitidi, son un material chamánico excelente. Los trabajos de Hermann Hesse, el gran novelista romántico metaficcional alemán, están impregnados de una clara visión mística occidental tal y como aparece contenida en la complejidad de la vida moderna.

Estudiar antropología y leer a los clásicos, como Joseph Campbell, Margaret Mead, Claude Lévi-Strauss, James George Frazer y otros, también puede ayudarte en tu viaje de descubrimiento.

Partiendo de cierta base, puedes experimentar el acceso a un potente arquetipo chamánico. Podrías modelar una muñeca de barro y crear tu propio chamán. Insufla energía y oración a esa representación y ahúmala con salvia. Invoca a un espíritu de chamán. Permite que ese ser se convierta en una presencia real en tu imaginación. Deja que ese chamán sea guiado por tu chamán interior. Poseemos un conocimiento interior ilimitado. El acto de crear un chamán puede ser el inicio de tu aprendizaje. Medita. Haz lo que te pida ese sabio maestro. Se trata de un acto de poder. Si puedes crear un chamán perfecto en espíritu, seguro que se manifestará en tu vida.

El auténtico aprendizaje chamánico puede ser difícil. Deberás exponerte a muchas pruebas. Los chamanes pueden jugar contigo y enviarte a seguir pistas retorcidas que no conducen a ninguna parte. Se ríen de ti. Puede que incluso destruyan todo lo que posees: todos los conceptos importantes que atesores. Un buen chamán te vaciará los bolsillos y se gastará todo tu dinero. Podrían menospreciar tu identidad étnica y estampar tus iconos contra el suelo. Y cuando estés totalmente perdido y confuso, te tomarán de la mano y te conducirán a tu verdadero poder.

Si antes creas tu propio chamán, una especie de chamán de imitación, podrías librarte de muchas de las sacudidas mentales que conlleva el aprendizaje genuino. Si es tu destino, el chamán llegará en una auténtica forma humana.

5

LOS CLANES REVELADOS

ACEBO, HOJA DE

Existen muchas variedades de acebo: árboles, arbustos, parras y trepadoras. El acebo se utilizaba en los ritos paganos invernales, hasta ser finalmente asociado con la época de Navidad. Las hojas del acebo, con sus tonalidades verdes oscuras, y sus bayas rojas, conforman una planta decorativa de vivos colores.

El acebo crece lentamente y su hábitat va desde los trópicos hasta el terreno montañoso helado. Algunos de sus nombres comunes son acebo de monte, acebo crenata, acebo cornudo y muérdago. Por lo general, su consumo puede resultar peligroso. Sin embargo, algunas variedades se usan para preparar infusiones como la yerba mate. El acebo suele ser amargo y algunos especímenes pueden provocar náuseas y vómitos.

La hoja de acebo, sobre todo de *Ilex vomitoria*, también conocida como acebo yaupón, es un emético. Un brebaje tradicional que incluía este ingrediente se conocía como medicina negra. Solía dispensarse de manera ceremonial al inicio de la primavera. Se creía que purificaba la sangre y que mejoraba la vista. Beber esta mezcla negra era un ritual de desintoxicación que eliminaba la contaminación física y espiritual. Las entidades indeseadas huían de quienes tomaban la medicina.

Para preparar la bebida hay que seguir minuciosamente varios pasos. Este brebaje negro se hierve sobre brasas incandescentes durante muchas horas, utilizando una olla con capacidad para varios litros de poción. Los ingredientes utilizados en la elaboración de esta amarga bebida negra medicinal se mantienen en secreto, pero incluyen las hojas, tallos y raíces del acebo yaupón, a lo que se añaden otras hierbas eméticas e ingredientes no revelados. El resultado final es un líquido que provoca arcadas y vómitos, con efectos parecidos a los del peyote o la ayahuasca. El cuerpo se ve sacudido por intensos paroxismos y, tras atravesar el infierno de las náuseas, puedes llegar a experimentar una perfecta dicha angelical.

Se sabe que esta bebida de medicina negra ha proporcionado a algunas personas la capacidad de ver el futuro y otros poderes adivinatorios. La bebida suele generar capacidades telepáticas: un súbito vínculo mental con otra persona. También resultan comunes recuerdos de nacimientos y de vidas pasadas. Ingerir la medicina ayuda a perdonar las transgresiones de otros y nuestras propias maldades.

Los miembros del Clan de la Hoja de Acebo mantienen un perfil bajo, son enjutos, sobrios y discretos, y hay un halo de tristeza en sus miradas. Te enseñarán sus secretos para atraer la buena suerte y el dinero, y aprenderás el arte de la magia onírica. Su espacio personal, su entorno, refleja su manera de vivir espartana y minimalista. Para entrar en ese clan, has de estar espiritualmente purificado, ser arrojado, saber aceptar, ser tolerante y amar todo lo que se vive en cada momento perfecto. Es una especie de bautismo: nuestros viejos seres se purgan y despiertan otros nuevos. Es como si te hubieses refugiado durante un largo invierno, y luego llegase el renacimiento.

Curiosamente, este clan está de lo más activo al inicio de la primavera, y es en esa época cuando resulta más visible para la mirada espiritual. Descubrir este clan es un periplo de transformación, un camino hacia la sacralidad, la sanación y la devoción espiritual. El camino que conduce hacia el cielo en la Tierra. Todo lo que tienes que hacer es encontrar al médico espiritual adecuado que te conduzca hasta allí.

AGACHADIZA

Las agachadizas están muy vinculadas a los corre-limos. Son aves zancudas a las que suele verse entre los cañaverales. Cuentan con largos picos que utilizan para atrapar escurridizos gusanos, caracoles y otros delei-tes. Son más bien regordetas. Cuando se las persigue a campo abierto, las agachadizas escapan corriendo en zigzag, lo que las convierte en blancos muy difíciles. Se mueven. Revolotean. Dan giros y virajes que confun-den. Desaparecen rápidamente. Si las pierdes de vista, no intentes encontrarlas porque te será imposible. Se habrán esfumado.

La madre agachadiza construye su nido ligeramen-te hundido en un hoyo sobre un sencillo lecho de hojas y hierba, y en ocasiones lo cubre con matas. Suele poner cuatro huevos, de color oliváceo con motas marrones. Si siente cualquier amenaza, recoge los huevos o los po-lluelos y huye a un lugar más seguro.

En Nueva Zelanda se dice que la llamada nocturna de la agachadiza provoca escalofríos en las poblacio-nes tribales y que son aves muy temidas como precur-sores del mal. Se dice que tienen el poder de hacerse invisibles.

Los miembros del Clan de la Agachadiza son de apariencia marcial, con espaldas erguidas y, a menudo, con un aspecto un tanto rudo. De hecho, pertenecen a un clan guerrero. Es fácil imaginárselos formando parte de una banda de gaitas y tambores. El Clan de la Agachadiza es un grupo vivaz e inteligente y la agachadiza es su espíritu guía. Son protectores de la tierra y tienen afinidad con el agua. Suelen reunirse cerca de ríos o marismas y sus ceremonias son complejas. Son protectores de las aguas sagradas medicinales y a menudo están a cargo de saunas.

Los integrantes del Clan de la Agachadiza son maestros del camuflaje y la emboscada. Por ello en inglés a los francotiradores se los llama *snipers* (de *snipe*, 'agachadiza'). Los francotiradores pueden ser muy pacientes hasta tener el blanco a tiro. Apuntan y lo matan. Nunca se sienten cómodos permaneciendo mucho tiempo en un mismo lugar y se trasladan rápidamente a otro. Disparar desde un escondite requiere paciencia, concentración y fortaleza mental.

La gente del Clan de la Agachadiza suele vivir en el litoral o cerca de una laguna. Los ríos y lagos servirán en caso de apuro. Este clan resulta escurridizo para algunos pero para otros es descaradamente evidente. Pueden ser entrenadores de fútbol o baloncesto, policías o detectives privados, integrantes de una banda de música o militares de alto rango. Algunos son especialistas en artes marciales. La *kata* de la agachadiza se enseña en diversas artes marciales, como en el aikido, el kárate y el *jiujitsu.*

El Clan de la Agachadiza enseña autoconocimiento y a trabajar con determinación. Si te propones encontrar a este clan, lo conseguirás. Así que establece tu intención si te atrae. La agachadiza escarba en busca de información y tú debes hacer lo mismo. El Clan de la Agachadiza puede aparecer en los lugares más inesperados, pero siempre será cerca del agua, el origen de la vida.

AGUA

Lo que el aire es para los seres humanos el agua lo es para la tierra.

El agua tiene el poder de limpiar, el poder de reflejar, el poder de regenerar, y ciertamente es una bendición para todos nosotros. El agua hace que el maíz crezca y tras las lluvias de primavera, la tierra húmeda vuelve a estar preparada para la siembra. El mundo se tiñe de verde y se embellece gracias al agua. El agua tiene un efecto ondulante: lo que alejas regresará a ti.

Los del Clan del Agua fluyen con la vida y tienen una disposición alegre y chispeante. Florecen tras las tormentas cargados de una nueva fuerza vital. Sus integrantes se congregan en manantiales, pozas donde se puede nadar y playas. A primera hora de la mañana se los puede hallar cerca de donde bailan los espíritus del agua, en zonas de aguas bravas o en otras vías fluviales donde salta el agua atomizada.

Existen rituales muy potentes que provocan la llegada de la lluvia. Poco después de que las mujeres se laven el pelo al aire libre, la lluvia llegará. Los hacedores de lluvia soplan su aliento húmedo en todas direcciones y despiertan a los seres del trueno.

Se dice que el agua es humilde, modesta, que siempre busca el nivel inferior. La gente no le da al agua la importancia que tiene. No ocurre lo mismo con los pueblos tradicionales. Los chamanes la bendicen periódicamente, primero mediante una serie de oraciones. Fuman e invocan a los espíritus de un animal o antepasado para que los acompañe. Reconocen a los espíritus de cada lugar, a los elementos, etc. En algunas ceremonias resuenan los tañidos de los tambores de agua, con sus curiosos sonidos elásticos. Bendicen a cada persona con un abanico hecho de plumas de aves acuáticas que sumergen en el agua, y todo el mundo le presenta sus respetos y la reconoce como elemento esencial en sus vidas.

Es la manera en que el agua da las gracias a todas las aguas, a los profundos mares y a los océanos. Dan las gracias a las criaturas que viven en el agua y en sus proximidades. Están cerca de los océanos cósmicos y se los conoce como astrónomos y pronosticadores. Sienten las aguas del destino y los cambios y movimientos de nuestros tiempos.

Los miembros del Clan del Agua tienen una gran responsabilidad en nuestra actual crisis medioambiental. Son responsables de realizar todo tipo de ceremonias de agua. Sí, el agua es de importancia capital para la vida, pero este clan existe también para saciar la sed espiritual. La gente del Clan del Agua tiene buena memoria, casi fotográfica, y puede recordar perfectamente conversaciones mantenidas años atrás. Te aportarán cosas que hace tiempo que olvidaste.

Este clan conoce oraciones para conseguir una buena pesca. Sabe cómo invocar a los espíritus del agua, que juguetean cerca y susurran respuestas a preguntas desconcertantes. Los miembros del Clan del Agua te enseñaran los misterios de este elemento, pero primero debes ofrecerles un presente, como tabaco o lustrosas monedas de plata. Entrar en este clan es fácil pero el trabajo que te espera es difícil: hay que mantener el agua pura y potable.

ÁGUILA

Las águilas son las aves rapaces más grandes y formidables. Cuentan con picos ganchudos y una vista notable. En la Isla de la Tortuga existen dos tipos principales de águilas: el águila real y el águila de cabeza blanca, que normalmente habitan las mismas zonas. El resto de las águilas que pueden hallarse en este continente emigraron aquí desde Asia y Eurasia.

Lo mires como lo mires, el águila es la reina de las aves. Las águilas conocen y entienden los mundos espirituales más elevados, y las águilas reales son las guardianas del este. Las águilas viven en un perfecto estado de conciencia, todo lo comprenden, y proyectan sin esfuerzo un amor intemporal. Son leales, inconformistas e independientes. Poseen la máxima autoridad espiritual. Si un águila te acompaña, hallarás la iluminación... Así lo han asegurado los grandes jefes desde el amanecer de los tiempos. El águila ya volaba sobre el mundo mucho antes de la aparición de las religiones.

El águila es el espíritu del contacto, la visión y el conocimiento, un guerrero sagrado conocedor de la verdad. Las águilas vuelan cerca del sol y están emparentadas con este y con sus hijos, esos espíritus que abrazan el sol, las almas de grandes guerreros y de mujeres que murieron al dar a luz.

Las águilas espiritualmente despiertas vuelan cerca del Gran Misterio, en los territorios más elevados del mundo superior. Son expansivas, valientes y regias. Los miembros del Clan del Águila están más allá de lo mundano porque pueden llegar a tocar los cielos. Pueden volar muy por encima de las dificultades terrenales.

Los miembros de este clan se elevan con las alas de su alma, envueltos por una enorme aura esférica. Son la encarnación del valor. Son arrojados y nunca mezquinos. Tienen coraje y un gran poder guerrero, y encarnan la ferocidad con dignidad. Son espirituales, pero sensatos y cautivadores. Presentan una amplia visión del mundo y conocen los misterios eternos.

Dentro de este clan sintonizarás con los poderes curativos del águila y con una guía interior que nos empuja hacia la iluminación. La clarividencia del águila es la visión más aguda de todas, los ojos que todo lo ven, tanto lo evidente como lo oculto, capaces de ver el espíritu en el espíritu. El elevado guerrero aguileño es un gran mago, atrevido y creativo en sus pensamientos, palabras y actos. Está en la cima del autodescubrimiento y el autoconocimiento, y esa es la razón por la que podemos sentirnos atraídos por el esclarecimiento que otorga el águila.

Si perteneces a este clan, estás bendecido con muchos atributos positivos. El águila aporta luz y sacralidad para asistir a la humanidad.

ÁLAMO

El álamo es un árbol de crecimiento rápido, amante del agua, con una corteza entre blanca y grisácea y un lustroso follaje verde plata.

El álamo es medicina. La corteza interior es rica en vitamina C. Se utilizan cataplasmas para reducir la hinchazón e inflamación y en el tratamiento de heridas.

El álamo trasciende la ignorancia humana y nos muestra la naturaleza transitoria de la vida tal y como la conocemos. Los árboles son sagrados. Hablan entre sí. Al igual que todos los árboles, el álamo conecta los tres mundos, con las raíces en el mundo inferior, el tronco firmemente asentado en la tierra y las hojas en el aire o mundo superior. El álamo cuenta con una sorprendente fuerza vital y se utiliza en muchas ceremonias. A menos que sea para emplearlo en ceremonias y celebraciones, talar un álamo causa estragos en el mundo de los espíritus. Los ancianos de la tribu lloran cuando se lo abate innecesariamente. Cuando se lo trata con respeto y reverencia, se convierte en un árbol mágico. Cuando las hojas susurran, si se escucha con atención, se puede obtener respuesta a preguntas complejas.

El gran árbol es un médium a través del que se responden oraciones y por el que llegan respuestas y soluciones a las dificultades. Además, proporciona un hogar a muchos animales. Hay todo un panteón de muñecas rituales, las *kachinas*, que se tallan a partir de raíces de álamo. El álamo se usa en la elaboración de tambores, y esos tambores son potentes herramientas utilizadas para tender un puente entre mundos. También se emplea para producir otros instrumentos musicales, como silbatos. También en la elaboración de varas de oración e incluso para hacer canoas.

Los enormes álamos proporcionan sombra y comodidad bajo su acogedora copa, y sus hojas en forma de corazón son un recordatorio de amor y sacralidad. Cuando se usa un poste de álamo en una ceremonia, se considera que es un vínculo directo con las misteriosas fuerzas espirituales que gobiernan la creación. Suelen utilizarse como varas en los tipis.

Los miembros del Clan del Álamo son autosuficientes. Se dan fuerza unos a otros, con una disposición positiva y cariñosa. Están centrados y siempre son leales, elegantes y se esfuerzan por alcanzar cimas espirituales. Se dice que proceden de las estrellas, que poseen conocimiento de mundos distantes. Algunos de sus miembros aseguran tener recuerdos de haber vivido en las Pléyades. Creen que no pasará mucho tiempo antes de que el pueblo de las estrellas regrese a la Tierra para evitar que causemos la total devastación del planeta, si es que no lo ha hecho ya.

El álamo es el árbol de la vida, un árbol bendito con un centro sagrado que aporta visiones y comprensión espiritual. Un árbol está conectado con todos los árboles. Siéntate con la espalda contra el tronco de un álamo y siente su fortaleza, el bienestar que aporta su sombra, su paz y su aceptación incondicionales.

ALCE

Al alce se lo conoce como el gran e imponente *wapiti*, su nombre en lengua lakota, utilizado ahora por muchas tribus. Una traducción exacta de *wapiti* sería 'ciervo de color claro'.

Los alces son miembros de la tribu de los ciervos. Sin embargo, son mucho más grandes. Son unos animales enormes: pueden llegar a más de dos metros de altura hasta los hombros. Su cornamenta también es enorme, como las manos abiertas de un gigante con los dedos señalando al cielo. Los alces no están plenamente desarrollados hasta alcanzar los catorce años. Su color es marrón oscuro con un matiz amarillento. Son grandísimos e impresionantes.

Los integrantes del Clan del Alce también son impresionantes. Sus movimientos son ágiles y tranquilos. Dominan el ritmo, los tiempos y los tonos. Controlar el ritmo hace que la vida fluya con mayor facilidad. Los alces son corredores de fondo. No se detienen. Son resistentes. Cuentan con fuerza, energía y brío. Son todo un ejemplo de autogestión. Te enseñan a plantearte objetivos y cómo utilizar tu energía de la mejor manera posible para alcanzarlos. Su mensaje es de capacitación y confianza. Lleva siempre un diente de alce contigo para ser fuerte y resistente y obtener bendiciones.

El Clan del Alce te enseña a ser muy cauto, a no precipitarte en ninguna situación. El alce te instruye a hacer las cosas con la debida diligencia. Está orientado hacia los objetivos y te aconseja perseverar cautamente y prestar atención a tu sabiduría interior. Toma perspectiva y asegúrate de que entrarás a participar en el momento más adecuado. Dispondrás así del impulso y la energía necesarios.

Hay algunos amerindios alces que bailan, normalmente acompañándose de un silbato de alce o de una flauta aguda, que se dice que atrae a las mujeres de manera irresistible. Los hechiceros alces conocen muchos filtros de amor, al menos eso se afirma. Sigue vigente la discusión sobre si es ético o no utilizar el poder del alce de este modo. No hace falta decir que los custodios de la medicina de los alces siguen siendo muy buscados por los hombres enfermos de amor.

La primera reunión de todos los clanes fue presidida por un jefe alce, y hasta este momento, todos los clanes han aprovechado la guía de los alces. El jefe alce aconsejó a los clanes que se mantuviesen cercanos, fieles a sus tradiciones y ceremonias, a fin de conservar vivas las historias de sus linajes. Y que cuando existan serias diferencias de opinión, deben intentar solucionarlas de buena fe. Finalmente, el clan siempre debe honrar a la madre del clan.

El alce es un símbolo de abundancia. Si es tu clan, todas tus necesidades –físicas, mentales y espirituales– podrán colmarse controlando el ritmo y el momento. Los integrantes del Clan del Alce tienen como aliados

espíritus de las grandes montañas. Cuentan con nobleza, orgullo y autoestima, y siguen un largo sendero espiritual que conduce a la realización.

ANTÍLOPE

El antílope se parece al ciervo, pero en lugar de cornamenta tiene cuernos huecos en la base, que parecen una antigua lira, y no los muda. Son gráciles y esbeltos y muestran cierta ligereza en su manera de ser. Tienen ojos perspicaces. Su velocidad es proverbial.

Los antílopes tienen unos sentidos muy agudos y reaccionan con rapidez ante el peligro. Rara vez se los sorprende con la guardia baja o despistados. Huyen al sentir una amenaza. Son rápidos y difíciles de atrapar. Se apartan de las personas insensibles o de las multitudes discordantes. Sin embargo, cuando llega el momento, pueden ser luchadores mortíferos. Son increíblemente rápidos y de lo más agresivos en la batalla, sea esta física, intelectual o incluso espiritual.

Los miembros del Clan del Antílope son fuertes y cuentan con personalidades dicotómicas, pero prefieren mostrarse distantes e indiferentes. Pueden cambiar sus preferencias con la misma rapidez que pueden salir corriendo. Les encanta la naturaleza, sobre todo los bosques espesos, donde se sienten protegidos, seguros y a salvo. También les gustan las praderas y llanuras, donde pueden correr a placer.

Los jefes del Clan del Antílope enseñan «la manera en que ha de hacerse» —cómo hacer lo que hay que hacer y cómo hacerlo ahora mismo— como única opción. El símbolo del antílope está relacionado con la coronilla y con grandes capacidades intelectuales. Los miembros del Clan del Antílope tienen mentes fértiles y a menudo perciben oportunidades donde otros no. Odian la incertidumbre y la procrastinación. Si algo corre prisa, lo hacen ya. No lo postergan. Su consigna es el cumplimiento; su mensaje, el de la acción y el logro.

El Clan del Antílope es responsable de la creación del *sipapu*, la entrada al mundo inferior. Tras este agujero abierto y excavado en la tierra, rodeado de varas de oración, hay un altar creado con ramas frondosas de álamo. El altar contiene fardos de mensajes a los espíritus que llevarán esas oraciones a los habitantes del mundo inferior, como los espíritus de los antepasados o los espíritus de los animales totémicos.

Dos jefes antílopes abren los fardos de mensajes. La ceremonia se lleva a cabo en primavera y verano, a última hora. Desenvolver los fardos es un acto solemne. Se elevan cantos de poder mientras se liberan los mensajes. Los espíritus mensajeros entran en el *sipapu* y penetran en la Tierra para interaccionar con las criaturas del mundo inferior. Este homenaje y reconocimiento mantiene pacificada a nuestra Tierra, libre del fuego, terremotos y otras catástrofes.

Al igual que ocurre con el Clan del Ciervo, los miembros del Clan del Antílope saben lo que hay que hacer escuchando a su corazón. Hacen lo que dicen y predican con el ejemplo. Saben. Hacen. Son integrantes capaces de hacer valer sus opiniones y no permiten que ningún incompetente se lo impida. Ata tu carro a una persona del Clan del Antílope y lograrás grandes éxitos. *Carpe diem*, te enseña el antílope. «Aprovecha el momento».

ARAÑA

Las arañas tienen ocho patas adosadas a la parte anterior de su cuerpo y carecen de antenas. No pasan por metamorfosis como la mayoría de los insectos, lo que implica que no cambian de forma. Existen muchos tipos de arañas, como las arañas terafosas y las arañas de agua, pero aquí nos ocuparemos de las que tejen esas asombrosas telarañas. Las telarañas son trampas para atrapar las presas de las que se alimentan.

Las arañas nos enseñan que los seres humanos nos encontramos en el centro de la red, cuyos hilos se irradian en todas direcciones. Podemos meditar cada mañana, ver lo que ha quedado atrapado en nuestra telaraña personal y decidir si queremos guardarlo o deshacernos de ello. Lo más conveniente es que mantengamos nuestras telarañas perfectamente simétricas, sin taras, y fuertes.

Deja que la araña te envuelva en su tela, pues se dice que trae buena suerte. Los integrantes del Clan de la Araña reconocen a una gran madre creadora, la Araña Madre, la Señora de las Redes y la unidad fundamental en el centro del multiverso. De ella aprendieron las mujeres a tejer. Tejió la red de la vida y tendió una red de rocío en el cielo abierto, y las gotas se convirtieron en las estrellas. El clan cree que la Araña Madre es el origen del lenguaje sagrado. Ella tejió el alfabeto en su red celeste. Cada letra es un portal a otros mundos. Enseñó a las mujeres cómo tejer una red para atrapar sueños. Esos atrapasueños se utilizan en ceremonias como puntos de entrada para los buenos espíritus.

A veces se la llama la Anciana Mujer Araña. Les dio a sus hijos juegos de hilos para que se divirtiesen. Hilos con los que tejer figuras o diseños. Pueden intervenir uno o más jugadores, que utilizarán los dedos, las muñecas, los pies e incluso las bocas. Algunas veces, se cuentan historias mientras se va creando la figura.

Ella enseñó a la gente cómo tejer franjas de energía de protección personal. Un método de autoprotección psíquica utilizado por las mujeres para protegerse a sí mismas y a sus hijos de las energías negativas. Se recitan oraciones y una luz imaginariamente trenzada se proyecta y protege a todas las personas implicadas. Algunos dicen que la imaginación es el origen de nuestra realidad consensuada.

En un antiguo relato, la Mujer Araña, a quien también se llama Mujer Sigilosa, roba el fuego y luego se lo ofrece a varios animales para que estos lo utilicen. Los animales tienen miedo del fuego y todos rechazan el ofrecimiento. Finalmente se lo ofrece a los seres humanos, que no tardan en comprender su valor y lo aceptan. Pronto contarán con calor, habilidades culinarias y lumbre. Los dones ofrecidos por la Anciana Mujer Araña son muchos: el fuego, los juegos, tejidos llenos de color y algunos incluso dicen que el don de la vida.

Los integrantes del Clan de la Araña son tejedores, cantores y hechiceros. Son pacientes y siempre se guardan algún as en la manga. Cuentan con una larga tradición oral y son maravillosos poetas y cuentacuentos. Disponen de extensos y preciosos cantos que conectan con una profunda y esencial corriente mental. Cuando aparecen arañas en visiones o sueños, son símbolos de poder. La buena suerte está al caer. Con el poder del Clan de la Araña puedes tejer tu propio mundo confortable.

ARDILLA

Las ardillas son roedores de cola empenachada, de grandes ojos y una energía inagotable. La mayoría son arbóreas y cuentan con fuertes patas traseras y expresivas colas. Las ardillas pueden ser de varios colores, pero abundan las rojizas. Disponen de cuatro dientes delanteros que crecen continuamente a lo largo de su vida. Su dieta se compone sobre todo de frutos secos y semillas.

Las ardillas abundan por todo el planeta. Existen cientos de especies: ardillas arbóreas, ardillas terrestres y ardillas voladoras. Las últimas están en peligro de extinción. Las ardillas son tímidas y construyen sus hogares en los huecos de los árboles, donde crean nidos semejantes a los de los pájaros. No les gusta estar en el campo de visión de nadie. Son excelentes trepadoras, y se lanzan a alcanzar las copas de los árboles. Siempre encuentran un escondrijo en el que evitar el peligro. Los sueños que incluyen recorridos por sendas arbóreas suelen indicar parentesco con este clan.

Las ardillas tienen distintos hábitats y maneras de vivir. Sin embargo, en general se sintonizan con las demandas de la vida y están preparadas para la mayoría de las eventualidades. Tienen la previsión de almacenar alimento de cara al futuro. A las ardillas no les importa sembrar el miedo con premoniciones acerca de desastres inminentes. A veces las ardillas son las consejeras que pronostican tiempos de crisis y nos animan a almacenar por prevención. También ofrecen consejos e información sobre cómo protegerse mejor en el peor de los escenarios.

Los integrantes del Clan de la Ardilla suelen derrochar mucha energía nerviosa y les encanta charlar con los demás. No les importa introducir de vez en cuando chismorreos excitantes en sus conversaciones. Es un clan que tiene éxito y es próspero. Sus miembros son ingeniosos. Piensan y se preparan de cara al futuro. Cuando te reúnas con ellos es probable que saquen su agenda para hacer anotaciones sobre algún acontecimiento o compromiso próximo. Al igual que las ardillas, también pueden resultar fascinantes y destilar un gran encanto. Son frugales, gregarios y tienen la capacidad de solventar problemas difíciles. Siempre disponen de un cofre de golosinas escondido como un tesoro y de una abultada cuenta bancaria, junto con una nada despreciable cartera de valores. Probablemente cuentan con reservas en espera de la ocasión de utilizarlas. También tienen la obligación de proteger los bosques.

Las reuniones del Clan de la Ardilla son bulliciosas y ruidosas. Este clan es responsable de llevar a cabo los rituales asociados tanto con los eclipses solares como lunares y de otros fenómenos celestes, como las lluvias de meteoros. Esa obligación recae sobre todo en el Clan de la Ardilla Negra.

Recurre a este clan en tiempos de agitación y dificultades. Son personas muy laboriosas. No solo preservan objetos materiales, sino que también salvan vidas. Pueden enseñarte qué soltar y qué guardar. También te enseñarán cómo adquirir nuevos dones y habilidades que pueden ayudarte a avanzar en el proceso de la vida. Adelante, arriésgate. Aprende a mantener el equilibrio y descubrirás muchos talentos potenciales en cada rama. Si entras en contacto con este clan, incluso puedes toparte con sorprendentes dones filosóficos e intelectuales.

AVISPA*

Las avispas son comunes y pueden hallarse prácticamente en cualquier parte del mundo. Sus cuerpos tienen rayas negras y amarillas, y disponen de cuatro alas traslúcidas. Sus rostros son amarillos, con ojos oscuros. Cuentan con grandes antenas, seis patas y un peligroso aguijón al final del abdomen. Pueden picar más de una vez.

Las avispas sociales viven en colonias y generalmente se alimentan de néctar, polen e insectos. Construyen nidos de fibra vegetal. En una colonia viven miles de individuos. Las poblaciones son muy extensas. Cada avispa desempeña una labor concreta. Las obreras hacen el trabajo necesario para el mantenimiento del nido, la reina pone huevos y los zánganos la fertilizan cuando está preparada.

Los integrantes del Clan de la Avispa muestran un fuerte instinto territorial. Están orientados hacia la comunidad y a esforzarse en beneficio de todos. Son sociales y disfrutan con los grandes grupos comunitarios. Cada uno de ellos mantiene un sueño colectivo similar. Entre ellos se da una especie de ósmosis de pensamientos y conceptos. Siguen reglas «colmeneras» que pueden ser muy autoritarias pero que funcionan porque han sido asimiladas por todo el clan. Todo el mundo

---

* El autor no se refiere a la avispa común *wasp*, sino a la *yellow jacket*, una especie que muestra comportamientos sociales similares a los de las abejas.

tiene una misión y obedece los dictados de la madre de la colmena.

Una avispa hembra cuenta con una intensa fuerza vital y exhibe rasgos guerreros, como proteger a aquellos a quienes ama. Sus lealtades son impetuosas pero mantiene ocultas sus emociones. Es confiada, valiente y está muy preparada para cualquier contingencia. No dudes nunca de su coraje. Las avispas prefieren una serie de victorias pequeñas. Van acumulando. Van haciendo. Y todo acaba dando como resultado un gran logro. Su sentido del deber nunca las abandona.

Una leyenda del clan habla de un monstruo terrible que robó a los hijos de las avispas y escapó con ellos hasta un escondite. Las avispas buscaron y buscaron sin resultado. Y los hijos seguían desapareciendo. Las avispas intentaron localizar al monstruo, pero no tuvieron éxito. Así que decidieron revolotear por encima de los hijos, de modo que cuando el monstruo volvió a hacerlo, las avispas estaban preparadas y lo siguieron, desde muy arriba. El monstruo entró en una gruta. En cuanto lo hizo, el enjambre de avispas también entró y empezaron a picar al monstruo todas a la vez. Este se retorció y gritó de dolor. Otro enjambre de avispas lo rodeó. No dejaron de picarlo hasta que murió.

Las avispas son agresivas. Se lanzan en picado, velozmente, sobre su víctima, o también pueden volar bajo y precipitarse hacia arriba para atacar. Son estrategas muy confiadas. Por ello, nunca hay que desafiarlas. Hacerlo es una locura. Es mejor evitarlo.

Por otra parte, si es tu clan, deja que su energía circule a través de ti para así poder aprovecharla. Confía en tu conocimiento más profundo. Sintonizar con este clan es un paso hacia la satisfacción y la longevidad. Las avispas te enseñan a acercarte a tus sueños, mantenerte en contacto con ellos y trabajar en pos de su consumación. El Clan de la Avispa muestra cierta ligereza de espíritu. Más allá de toda lógica, lo más importante es el grupo, la colmena, el inconsciente colectivo. Siempre que lo invoques podrás acceder a la sabiduría profunda interior que te conducirá a tu morada perfecta.

AZULEJO

Los azulejos pertenecen a la familia de los tordos. Llegaron del oeste hace mucho tiempo y sus plumas se utilizan en la ceremonia dedicada a proteger ese punto cardinal. El macho tiene la cabeza y las alas azules (dan la impresión de ser azules pero en realidad no lo son; el color azul es un efecto de la luz). El canto del azulejo es un canto singular y feliz, que nos recuerda que cada uno de nosotros tiene su propio canto. Se dice que con él aleja a los espíritus malvados y vengativos. A pesar de ser delicados y tímidos, los azulejos son mensajeros espirituales. Te recuerdan que debes ser consciente del esplendor del don de la vida.

Los azulejos fueron horribles antaño, y recibieron su color azul al bañarse en un lago mágico cuatro veces cada mañana. Son portadores de medicinas secretas, del poder de los hechizos y pueden elevarte a la Gran Luz. Algunos ancianos dicen que el Clan del Azulejo mantiene conexiones con visitantes sobrenaturales, con especies desconocidas y quizás también con seres de mundos invisibles y distantes.

El Clan del Azulejo está asociado con el clima y los azulejos lo predicen con su comportamiento: desaparecen durante el tiempo inclemente y vuelven a aparecer cuando brilla el sol. Algunos incluso afirman que pueden regular el clima. Otros dicen que cuentan con vientos aliados y amistosos.

Los azulejos también están asociados con la fertilidad; su plumaje se ofrece a las mujeres y se guarda con ese propósito. El azulejo simboliza la felicidad, pero es mucho más que eso: es aceptación interior, amor hacia uno mismo y paz. El camino del azulejo es un camino dichoso gracias a su comunión espiritual con el mundo superior. Los integrantes del Clan del Azulejo no viajan lejos de su clan. No les importa vivir en altas torres de apartamentos o en las cimas de las montañas. Expanden la alegría allí donde van.

Los azulejos fueron comunes en otros tiempos, pero ya no lo son. Puedes considerarte afortunado si llegas a ver uno, pues tal vez sea para decirte que el cielo es azul y que tienes el camino despejado para ir tras tus sueños. El Clan del Azulejo te dice que disfrutes, que saborees y compartas tu buena fortuna y tu felicidad con los demás. Su enseñanza espiritual es simple: mantén siempre una actitud alegre y esa energía te transformará a ti y a los que te rodean.

Cuando la tierra esté verdeando, saluda al sol con un trino de azulejo. Aparta las dudas de ti. Deja que tu corazón se llene de regocijo. Sé feliz porque el sol del ocaso llegará pronto. Abre los ojos a la mayor de las felicidades. Abre tu corazón y sigue felizmente el vuelo del azulejo hacia tu clan.

BÚFALO

El búfalo tiene un gran valor en Norteamérica. Antaño solo existía allí y en zonas de México. Prefieren vivir en vastos rebaños. En el pasado un solo búfalo podía cubrir todas las necesidades del individuo en un momento dado.

Los búfalos son enormes y fornidos, y su apariencia es imponente. Tienen tal maraña de pelo que a menudo se los llama *viejos lanudos*. La mayoría de los búfalos, millones de ellos, fueron cazados en grandes matanzas durante el siglo XIX. Antes de eso pastaban en las praderas y migraban a través de la Isla de la Tortuga. Pueden correr a gran velocidad cuando es necesario. A menudo parecen inclinarse a causa de su propio peso. Aunque el búfalo llegó a estar a punto de extinguirse, todavía perdura. Sus poblaciones aumentan a un ritmo constante. El búfalo ha vuelto.

Le encanta revolcarse en el barro y para ello le sirve cualquier barrizal que encuentre, aunque creará el suyo propio en caso de no hallarlo. Todo lo que necesita es un poco de humedad en la tierra. Se echa sobre ella y se retuerce y revuelve hasta horadar un hoyo superficial y circular que se llena de agua y barro. Le encanta recubrirse por completo con una espesa capa de fango. Ese recubrimiento lo protege de los insectos urticantes y de mosquitos y moscas.

El búfalo es sagrado. Cubre todas nuestras necesidades: alimento físico y espiritual, refugio y vestido. Es un símbolo de oración y abundancia que siempre sigue adelante. Tiene fuerza y determinación. Estar cerca de un búfalo en las llanuras es una experiencia formidable.

Los miembros del Clan del Búfalo son los grandes proveedores, bondadosos y afectuosos. El camino del búfalo es un camino de nobleza y altruismo, amor y coraje, que encarna el espíritu de la aportación, la gratitud y la generosidad infinita. Estos animales son los guardianes del conocimiento de las vibraciones invisibles de la oración.

Los miembros de este clan son comprensivos y se muestran atentos ante las dificultades de los desafortunados. Las necesidades de los demás son importantes para ellos, mucho más que sus propias necesidades y deseos. Son una grata presencia en esta era de materialismo y egoísmo. De ellos se sabe que han renunciado a todas sus posesiones para ayudar a los necesitados.

Durante las reuniones del Clan del Búfalo siempre hay oraciones y se comparte la pipa sagrada. Se honran todas las relaciones. Los maestros del clan respetan y aprecian los dones que nos han sido dados y muestran una disposición a colmar las necesidades espirituales y físicas de los demás. Para estar en el Clan del Búfalo, hay que recorrer la senda de la humildad, la entrega y el poder espiritual.

El Clan del Búfalo es un bálsamo para cualquiera que desee vivir una vida sólida y tranquila. El búfalo, al entregarnos todo su ser y espíritu, nos enseña nuestra dependencia mutua. El Clan del Búfalo se descubre por revelación divina. Se recorre el camino del búfalo con el corazón abierto y lleno de amor hacia toda la creación.

BÚHO

Lo primero que hace un búho al despertarse es acicalarse con el pico, estirarse, picotearse y peinarse las plumas con las garras. Estas aves tienen grandes caras ovaladas. Los ojos son enormes, redondos, y miran bien de frente. Tienen la capacidad de girar la cabeza más de ciento ochenta grados para cambiar de perspectiva. Como pueden localizar los sonidos y cuentan con visión binocular, las presas no tienen ninguna oportunidad de escapar. Otra de sus ventajas es la capacidad de volar en silencio. Pueden lanzarse en picado sin que su presa llegue a saber qué es lo que le ha caído encima.

Los búhos ya estaban en la Tierra en la época de los dinosaurios. Son los ancianos, los que han conseguido persistir. Las culturas antiguas cuentan con un amplio abanico de creencias sobre el búho. Algunas consideraban que eran las aves más listas. Sin embargo, otras afirmaban que eran pájaros de mal agüero y que atraían enfermedades y muerte o cuando menos una dolorosa transición. La mayoría está de acuerdo en que los búhos son misteriosos y que poseen extraños talentos.

Son los amos de la noche y saben todo lo que sucede en la oscuridad. Ayudan a las mujeres chamanas en las ceremonias de sanación. Son vehículo de mensajes espirituales. Traducen lo que dicen los espíritus, repitiéndolo en una lengua que la chamana pueda comprender.

Los búhos conocen el silencio y la oscuridad. A veces se los llama águilas nocturnas.

Los integrantes del Clan del Búho giran la cabeza, con los ojos bien abiertos y te miran fijamente. Sus mensajes pueden asustarte porque te aprietan donde te duele. El ulular nocturno de los búhos, que se asemeja a una rápida sucesión de vocablos brujeriles, puede provocar escalofríos.

Por fortuna, los miembros de este clan suelen ser discretos, aunque en ocasiones se vuelven inesperadamente amenazadores. Sus grandes ojos pueden pararte en seco.

Hacen preguntas perspicaces. Pueden resultar inquietantes, como si hubiesen colocado la última pieza de ese puzle que eres tú y de repente todo el panorama estuviera completo. Este repentino quebranto del ego es una experiencia aterradora, y para desentrañarla necesitas conocer el oscuro lenguaje de la noche. Cuando el búho está cerca, tienen lugar sucesos perturbadores.

La gente del Clan del Búho cuenta con un oído muy agudo y escucha todo lo que se dice. Nos enseñan a escuchar. En este clan hay muchos ancianos sabios, ancianos que saben todo lo que hay que saber sobre todo. Ven lo que se esconde detrás de la arrogancia y la impostura. No toleran la hipocresía. Son los guardianes del conocimiento perdido de la Antigüedad. Se les asocia con el misterio femenino, la clarividencia, el sigilo, las verdades ocultas y la capacidad de engaño, y adoptan formas diferentes y el uso de la cautela, la brujería y la hechicería. Cuidado porque los practicantes de esas artes ocultas pueden hechizarte.

Las personas que actualmente pertenecen al Clan del Búho suelen ser paganas. Pueden estar interesadas en religiones naturalistas y en distintas escuelas de misterios. Pueden dedicarse a la Wicca o al neodruismo. Pueden estar implicadas en alquimia, regresiones a vidas pasadas, chamanismo, misterios, astrología, cábala o profecía. En pocas palabras, cualquiera que busque su verdadero camino y que haya sido excluido de él. Si esta descripción encaja con tus inclinaciones, el oculto Clan del Búho se te podría desvelar en cualquier momento y atraerte para que entres en él.

CABALLO

Los caballos primero fueron cazados para alimento y luego fueron domesticados. Estos animales evolucionaron a lo largo de millones de años a partir de una criatura del tamaño aproximado de una oveja, con patas de tres dedos y sin ningún parecido con las potentes y elegantes criaturas que conocemos en la actualidad. A menos que se los maltrate, los caballos muestran una actitud muy delicada. Son espíritus elevados, pero siguen siendo afectuosos y amables.

Un caballo aporta el equilibrio necesario para hacer que la vida resulte viable. Los caballos arremeten contra los espíritus malignos. Respetan y honran a los antepasados de su clan. El camino del caballo es el camino adecuado, que sigue la regla de las antiguas enseñanzas espirituales. Bendicen el camino para todos los hombres y mujeres y aceptan en su gran clan de buen grado a personas de ideas afines. Los caballos han contribuido mucho a la civilización. Han servido a la humanidad desde tiempos inmemoriales. Se considera que son originarios de Asia central. Ahora se los puede encontrar por todo el mundo. Todas sus celebraciones y ceremonias se basan en el calendario lunar, un calendario de ciclos de veintiocho días.

Se dice que el universo es un caballo y que su panza es la galaxia de la Vía Láctea, también conocida como la senda de las almas humanas. Los caballos llegaron a la

Tierra desde el cielo. Los miembros del Clan del Caballo son pulcros y elegantes, y rezuman garbo y poderío. Aunque, en general, tienen una disposición delicada, algunos de ellos son de temperamento apasionado y tienen genio, con emociones más intensas de lo que se pudiera imaginar. Sin embargo, la mayoría son afectuosos y entablan amistades con facilidad. Normalmente gozan de una salud excelente, son prósperos y viven vidas largas y fecundas. Están poseídos por una energía maravillosa. Son personas cultivadas y su comportamiento es refinado. Son gente enérgica y amable. Son exuberantes. No pueden esperar a que empiece la carrera, metafóricamente hablando.

Los miembros del Clan del Caballo son muy sensibles. Tienen mejor oído. Captan energías sutiles tanto lejanas como próximas. Cuentan con capacidades psíquicas y leen las mentes. Ayudan a los demás a elevar su consciencia. Su energía puede, por sí misma, ayudar a sanar a una persona perdida y herida. Estar cerca de ellos en esos momentos restaura la confianza y eleva el ánimo.

Los caballos son sociables y los Clanes del Caballo tienen jefes masculinos y femeninos. Mantienen un orden social jerárquico, desde los alfas hasta el miembro de rango más bajo del clan. Los alfas ejercen una fuerte influencia en todo el grupo. Eso no es malo teniendo en cuenta que son personalidades muy fuertes. El poder de un miembro del Clan del Caballo procede del lugar que ocupa en la dinámica de grupo. Todos los caballos son poderosos.

La gente del Clan del Caballo ayuda a mostrar a los demás cómo restaurar su poder personal. Esa es su especialidad. Esa es su misión. Pueden aparecer en cualquier parte en nuestro paisaje moderno. Cuando estás cerca de ellos, te recargan las pilas automáticamente, procurándote un empujón desde su energética presencia. Pasa tiempo con caballos. Establece lazos con ellos. Aliméntalos con una manzana y algunas zanahorias. Toma las riendas. Y te darás cuenta de que recuperas tu fuerza personal. Al ayudar a ese gran ser te estarás ayudando a ti mismo.

Sabrás si perteneces al Clan del Caballo si tu espíritu te invita a valorar el momento, el coraje, la integridad y la libertad. Pertenecerás al Clan del Caballo si te preocupa tu manada, su supervivencia, seguridad y bienestar. Serás del Clan del Caballo si mantienes la cabeza alta y plantas cara al peligro para proteger a otros. Estarás incluido en el Clan del Caballo si una voz antigua te habla sobre la naturaleza salvaje de tu humanidad y sobre la relación entre todos los seres vivos. Los miembros del Clan del Caballo nos regalan las revelaciones de su profunda sabiduría.

CABRA DE LAS ROCOSAS

Estas cabras de montaña no son verdaderamente cabras. Están más emparentadas con los antílopes. Son lanudas y blancas. Con sus perillas parecen sabias, como gurús de las montañas. Su hábitat puede localizarse en alturas superiores a los cuatro mil metros. En invierno descienden a elevaciones inferiores. Pueden ponerse muy testarudas cuando consideran que se invade su territorio.

Sus oscuros cuernos son anillados. Los anillos suman uno menos que su edad. Por ejemplo, si tienen cuatro anillos, eso significa que tienen tres años. Los cuernos de las hembras muestran una curva en la punta mientras que los machos presentan una ligera curvatura a lo largo de todo el cuerno. Independientemente de si son macho o hembra, sus cuernos continúan creciendo toda la vida.

Los miembros del Clan de la Cabra son los fuertes, los resueltos, quienes ya han ascendido y confían en sus capacidades. Son temerarios: viven en los riscos al borde del abismo aterrador. Allí llevan a cabo su peligrosa danza cada día, en ese inseguro terreno. Son independientes pero leales. Tienen un fuerte sentido de la ética personal y se esfuerzan por alcanzar la cúspide de la montaña. Trepan de manera estratégica, abriéndose paso hasta llegar a la cima. Siempre buscan la posición más elevada y ventajosa, y una vez que han superado la prueba, la alcanzan.

La gente que forma parte de este clan posee la montaña y respetan su grandeza. Elevan hacia ella sus oraciones para pedir protección, salud y sabiduría. Comulgan constantemente con la montaña y con los espíritus de esta.

Muchos miembros de este clan se retiran tras una vida de logros en los negocios, tras alcanzar las máximas cotas de éxito. Si vas a emprender una operación comercial, ten en cuenta que son los mejores consejeros a los que podrías dirigirte en busca de asesoría. Cuentan con la lógica y el instinto para llevar a cabo operaciones comerciales exitosas. Son expertos y se mantienen sobre una montaña de experiencia práctica. Le han dado lo mejor de sí mismos a su ocupación mediante sus esfuerzos. Su mente y su corazón son uno con la montaña. Se han convertido en la montaña que antaño escalaron.

Si estás decidido a subir una montaña, tu clan es el Clan de la Cabra Montés. Si dispones de la ambición, la agilidad y las agallas, y si estás decidido a mantenerte en las alturas y observar a quienes están por debajo de ti, eres una de esas tenaces y escasas almas que se han ganado el Olimpo y merecen la inmortalidad.

CAIMÁN

Siempre resulta tentador, pero aguántate las ganas de luchar con un caimán.

Protegido por gruesas escamas, el cuerpo del caimán, rematado con una poderosa cola, es de color oliváceo, sus extremidades son fuertes, con patas palmeadas, y su morro es redondeado. Cuando tiene las mandíbulas cerradas, no se ven dientes inferiores. Cuando ataca, lo hace desplegando una considerable fuerza mandibular. El caimán es peligroso y feroz. Destructivo y creativo a un tiempo, desempeña su papel en las armonías y disonancias del mundo. Nada en las aguas primigenias de la mente.

El enigmático caimán, el reptil más grande de Norteamérica, observa todo lo que sucede, asomando sus ojos justo por encima de la superficie del agua y manteniendo el resto de su cuerpo sumergido. Esta criatura lleva más de doscientos millones de años observando. El caimán vive en muchos mundos simultáneos.

La gente del Clan del Caimán es invisible, igual que los caimanes que permanecen ocultos en aguas fangosas. Observan y esperan. Poseen increíbles capacidades psíquicas. Son almas antiguas con acceso a los registros akásicos, un compendio de conocimiento que existe en los éteres, que guarda todos los sucesos, emociones, pensamientos, palabras, hechos e intenciones humanas que han ocurrido en el continuo del espacio-tiempo de la vida humana. Estos registros son el *Libro del Ser* y ejercen su influencia en todo lo que hacemos. Son la *Tablet de Todas las Almas*, testigo de todas nuestras relaciones, descendientes y vidas futuras. Se dice que los integrantes del Clan del Caimán pueden revisar esos registros cada vez que así lo desean. Son los avatares que existen más allá de nuestra comprensión humana.

Cuentan con muchas cualidades místicas y conocen las leyes del cosmos. Mantienen una relación única con el tiempo, la dimensionalidad y el mundo material.

La luna, como decían los nativos que habitaban el país *bayou*, es un huevo puesto por la Madre Caimán cuando pasó entre los mundos. El huevo sigue incubándose ahí, pero cuando se rompe y abre y aparece el nuevo caimán, es señal de que llega un nuevo comienzo, un nuevo mundo: el siguiente mundo que está por llegar.

Algunos ancianos dicen que ya ha sucedido, que el huevo ya se ha roto. El caimán ha salido del cascarón y nada por los oscuros cielos nocturnos. Este mundo presente está acabado. Ha roto el cascarón y hemos entrado en una nueva ciberfrontera: un mundo virtual que no ha hecho más que empezar pero que conducirá a una dicha y una utopía perfectas.

Los caimanes son misteriosos y ancestrales. Existen en armonía con el principio de creación/destrucción. Este clan aporta fuerza interior y exterior. Igual que los huevos depositados en la arena cálida de la orilla del río esperan a romper el cascarón, el Clan del Caimán trae un nuevo nacimiento y una vida nueva.

Los miembros del Clan del Caimán son los más observadores y los más pacientes. Para descubrirlos hay que pasar a ser observador y paciente. Busca ojos potentes que miran y abarcan muchos aspectos de conocimiento, ojos que solo se detienen en la verdad. Cuando puedas reconocerlos, ellos a su vez te reconocerán a ti. Y esa es la revelación que te abrirá la puerta de este clan ancestral.

CALABAZA

La planta de la calabaza es una de las *tres hermanas*: maíz, frijoles y calabaza, que los agricultores amerindios cultivaban juntas. La calabaza era, y sigue siendo, un alimento básico. La flor se reboza con huevo y se fríe. La pulpa de la calabaza, y las semillas, también se comen. Aparte de ser un cultivo comestible, las calabazas pueden secarse y utilizarse como sonajeros en las danzas. En la actualidad, muchas tribus utilizan esos sonajeros.

Tal vez conozcas el peinado «flor de calabaza», un peinado indígena que consiste en dos moños, uno a cada lado de la cabeza. Puedes verlo en muchos cuadros del artista R. C. Gorman y de otros pintores amerindios. Es el peinado tradicional de las mujeres solteras. Las flores trompeteras de la calabaza se consideraban guardianas de la tierra y la gente. Se utilizan como decoración y también representan nubes y la bendición que significa la lluvia. Las flores de calabaza derramadas por el suelo durante las ceremonias simbolizan la renovación de toda la vida humana y animal. El acto es una rogativa para que los ciclos de la naturaleza mantengan el crecimiento, la fertilidad y nuevos principios. En la Isla de la Tortuga tienen lugar muchas danzas tradicionales de las flores durante el cambio de estaciones.

La calabaza es una de las plantas alimenticias más antiguas. En las montañas de Arizona hay petroglifos de flores de calabaza, y los arqueólogos han descubierto antiguos recipientes en México que contenían semillas de calabaza y que datan de antes del 7000 a. C. Resulta interesante señalar que las semillas se trituraban y mezclaban con harina de maíz para elaborar un pan muy sabroso y nutritivo.

Las plantas pueden ser algo más que una buena ensalada. Todas las plantas tienen cualidades mágicas. La ciencia sabe ahora que son seres sensibles, aunque los pueblos indígenas siempre lo supieron. Tienen inteligencia y una gran sensibilidad para responder al amor y el respeto. Cuentan con fotorreceptores y son conscientes de cualquier presencia cercana. Ahora los científicos también dicen que las plantas utilizan las matemáticas* y que son amables con otras plantas. Pueden comunicarse con los animales y con otros tipos de vegetación liberando una serie de compuestos y fragancias.

Los miembros del Clan de la Calabaza valoran el crecimiento, son abiertos y aceptan a todo el mundo. Son prácticos. Tanto los hombres como las mujeres del clan son honestos y directos. También son pacíficos y tolerantes. Son serios pero no demasiado, caritativos, bondadosos y de confianza. Aman la Tierra. Les encanta la jardinería y hacen todo lo posible para proteger el medioambiente. Su clan se caracteriza por la unidad, el amor y la devoción. Los hombres son del cielo:

---

* Una nueva investigación muestra que para prevenir el hambre en la noche, las plantas realizan una división aritmética precisa. El cálculo les permite utilizar sus reservas a una velocidad constante, y las apuran justo hasta el momento en que amanece.

espirituales. Las mujeres son de la tierra: sustancia. Por eso, en este clan los hombres no ofrecen consejo espiritual; solo lo hacen las madres del clan y las mujeres porque se percibe que las leyes del espíritu son diferentes sobre el terreno.

Los integrantes del Clan de la Calabaza se casan con las plantas en cierto modo, mediante rituales y ceremonias. Las consideran como parte de su familia y se comunican con ellas a través del corazón. Así que si sientes que estás conectado con los espíritus de las plantas y las flores, seguramente hallarás el camino que lleve hasta este clan.

CANGREJO DE RÍO

Los cangrejos de río son crustáceos. Cuentan con robustos dermatoesqueletos, con una cola segmentada y varios apéndices, entre ellos unas pinzas. Tienen diez patas que pueden doblarse como si tuvieran rodillas, pero rodillas, lo que se dice *rodillas*, no tienen. Se impulsan y salen disparados por el agua como un tiburón de propulsión rápida o una motora veloz.

El cangrejo de río vive en dos realidades simultáneas según los chamanes de la Jena Band, que viven en el sudeste de Estados Unidos. La gran lección que ofrece el cangrejo de río es soltar, dejar de aferrar y liberar al espíritu. Los Jena son una tribu complicada que habla francés. Dominan la cerbatana. Están definiendo una nueva identidad tribal. De la misma manera que el cangrejo de río regenera sus extremidades, también el ser humano puede regenerarse si presta atención a las enseñanzas de este tótem. Este enseña la pluralidad de los mundos y cómo cada mundo puede enriquecer a los otros. Es un cruce, un solapamiento. Los cangrejos de río pertenecen al fango, al agua y al cielo espiritual.

Los integrantes del Clan del Cangrejo de Río son resueltos. Están conectados con los espíritus acuáticos. Permanecen en contacto con los jefes subacuáticos que enseñan cómo bendecir y maldecir con agua y poseen extraños dones traídos del mundo acuático. Saben cómo utilizar el agua en su beneficio. Disponen de varios poderes misteriosos. En las ceremonias, un hechicero utiliza una pinza de cangrejo de río para arañar o para dar un buen apretón. Se dice que el arañazo del cangrejo de río proporciona una gran destreza y mejora la coordinación entre el pulgar y los demás dedos. En el clan, los miembros se enseñan entre sí responsabilidades tribales y personales mediante el ejemplo. Estarán ahí cuando más los necesites. Nunca subestimes el poder del cangrejo de río para introducirse en tu alma y ayudarte durante épocas de dificultad.

Acude a este clan para realizar ayunos y cuando necesites rejuvenecimiento, regeneración y protección frente a los enemigos. Te enseñarán cómo superar los obstáculos y seguir avanzando, y cómo ampliar los entornos constructivos que pudieras haber creado. Te ayudarán a descartar creencias caducas y limitadoras. Enseñan la movilidad, a lidiar con cambios rápidos y cómo superar el miedo. Gracias a su conexión con el agua, pueden guiarnos hacia la madurez emocional.

Si te descubres danzando con la luna, observándola a menudo sobre la superficie del agua, y si sueñas con vidas pasadas subacuáticas, el Clan del Cangrejo de Río podría estar llamándote, haciendo todo lo posible en las dimensiones ocultas para llevarte a su redil. Así que escucha, presta atención... En la oscuridad de la noche, trasciende la mente, escucha y observa si tus hermanos y hermanas acuáticos te llaman para que te unas a ellos en las profundidades espirituales.

CAÑA

La caña puede hacer referencia a un inofensivo bastón, pero también es un arma letal cuando la utiliza un luchador consumado. Muchas artes marciales incluyen la lucha con palos, y en ella se enseñan los puntos fuertes, las debilidades y las limitaciones de los mismos. Aprender esta forma de autoprotección te proporciona confianza. Un bastón o caña puede golpear con fuerza punitiva o con fuerza letal. El uso de un palo o una caña es una antigua forma de combate. Conocerla te puede salvar la vida en ciertas situaciones.

Los miembros del Clan de la Caña portan la vara de la capacitación, la autoridad y la justicia. Son detallistas y siguen los principios de unidad, compañerismo y amor fraternal. Buscan hacer la vida más feliz y mejorar las condiciones perjudiciales. Tienen dignidad y saben protegerse, y la caña o el bastón es su arma favorita. Es el instrumento empleado en la autodefensa y en la protección de los demás. Los bastones pueden estar decorados con insignias que indican rangos y significados, como tiras de cuentas, piel de animales, cintas y plumas de águilas. Algunos los mantienen limpios y simples, utilizando solo la madera con un mango curvado o bulboso.

Existen diversas variaciones del nombre del Clan de la Caña: Clan de la Vara, Clan del Bastón, Clan del Báculo, Clan del Palo de Roble, Clan del Palo Rojo y otras. Son todos honorables y distinguidos. En las reuniones del clan, algunos miembros del Clan de la Caña practican técnicas de lucha. Desde luego no es un arte marcial suave, sino duro y devastador cuando se utiliza de manera rigurosa, agresiva e implacable. También los ancianos del clan son practicantes formidables y enseñan a los miembros más jóvenes la metodología secreta de las artes marciales, que va adoptando una naturaleza espiritual tras una larga práctica. La iluminación, te dicen los maestros, no llega con solo mirarte el ombligo, relajándote y siendo autocomplaciente. La iluminación llega mediante una disciplina de acero y una voluntad de hierro. Es un camino desalentador pero conduce a la perfección. En la perfección nos fundimos con el infinito y devenimos budas.

Algunos miembros del Clan de la Caña han sido artistas marciales legendarios. Esa persona anciana de aspecto frágil que camina por la calle ayudándose de un bastón tal vez podría ser capaz de acabar con cualquier enemigo, aunque estos preferirían abandonar una pelea antes que dejar que un antagonista les propinase la paliza que tanto se merecen. Los miembros del Clan de la Caña mantienen ceremonias, procesiones, rituales y danzas secretos. Tienen sus propios cantos y mantienen una historia de transmisión oral. Inclínate respetuosamente en el *dojo* del Clan de la Caña. El camino del Clan de la Caña puede ser largo y difícil, pero en cualquier caso experimentarás crecimiento espiritual.

Descubrirás que es el templo de los dioses que han luchado consigo mismos para ser los mejores.

Si quieres aprender a cuidar de ti mismo y mantenerte en una buena forma física, considera el Clan de la Caña. Si prestas atención y buscas en los lugares adecuados, te será fácil descubrirlo. El clan enseña no solo autodefensa, sino también confianza en uno mismo e igualdad de género. También hay otros muchos beneficios, como autodisciplina y resistencia. Las artes marciales pueden ser una meditación profunda y un medio para conectar con tu quietud, con tu centro. Si no has encontrado a este clan, aprender la lucha japonesa con espada es un buen comienzo práctico ya que las enseñanzas son parecidas.

Al fin y al cabo, los miembros del Clan de la Caña son responsables del mantenimiento de la paz.

CASTOR

Los castores son animales acuáticos de pelo marrón, patas traseras palmeadas y cola plana desprovista de pelo que los propulsa maravillosamente bien por el agua. Viven en comunidad y crean sus refugios junto a arroyos y ríos de aguas limpias, manantiales y lagos. Si el agua no es lo bastante profunda para sus necesidades, construyen represas para elevar el nivel. Trabajan sobre todo en la oscuridad de la noche. Al igual que los seres humanos, disponen de la capacidad de transformar el entorno a su conveniencia.

La gente del Clan del Castor es famosa por su manera de construir. Conocen el agua y un modo gratificante de vivir. Son creativos y no se dejan engañar. El jefe castor enseña al clan a esforzarse y hacer lo que toca. Son criaturas sociales. Son grandes curanderos y ejecutan potentes danzas medicinales. Son sabios. Conocen las estaciones. Sus moradas están limpias, ordenadas y cuidadas. Al igual que la América nativa y los búfalos, los castores casi se han extinguido. Ha sido visto y no visto. Por el momento, la misteriosa medicina castor los ha traído de vuelta, estando como estaban al borde de la extinción.

Dirígete a la gente del Clan del Castor si tienes metas que alcanzar. Ellos siempre tienen un proyecto. Cuando trabajan lo hacen con control y concentración. Saben de esquemas y arquitectura. Son los constructores prácticos de nuestra civilización. Si cuentas con esas cualidades, serás bienvenido en ese clan.

Acude a la sabia, anciana y santa Mujer Castor para aprender oraciones, cantos de poder y rituales sanadores. El camino del Clan del Castor es el camino de la pipa. Conocen plantas secretas y raíces medicinales, y cómo prepararlas y utilizarlas. Saben cómo usar distintos métodos rituales en sí mismos y en sus hermanos y hermanas de madriguera para rechazar el mal.

El Clan del Castor encarna las acciones inteligentes, el idealismo y una verdadera comprensión de lo que es posible. Los castores construyen las madrigueras curativas, que no solo demuestran su gran habilidad y destreza, sino que además son lugares de retiro. Los integrantes del Clan del Castor conocen las formas arquitectónicas más simples en las que es posible encontrarse con lo eterno. Son gente de comunidad. Sus vidas son ejemplares, siempre trabajando desinteresadamente por el bien común, por un orden más elevado. Su trabajo tiene un efecto multiplicador que beneficia a toda la humanidad.

CHINCHE DE AGUA

Las chinches de agua viven en los fondos fangosos de lagos y ríos, en estanques y cerca de cascadas y charcas.

El cuervo se sentía antaño solo y el agua estaba silenciosa, así que creó a la chinche de agua para que pasase rozando por la superficie y jugueteara y se sumergiese en la profundidad, para que así él pudiera observar sus actividades y dejar de estar solo.

Los miembros del Clan de la Chinche de Agua controlan sus emociones. Son fuertes, resilientes y se dice que pueden cambiar de forma. A veces viven en embarcaciones o casas flotantes, o en casas cerca del agua. Tienen la capacidad de profundizar y saben cómo transformar y utilizar el agua para potenciar los descubrimientos místicos. También traen cambios y deseos, el deseo de una regeneración del espíritu. A veces intentan quitarse importancia para evitar que se fijen en ellos.

Dice la leyenda que había una hermosa mujer a la que el Hombre Conejo espiaba desde la lejanía. Cierto día, brincó en su dirección y corrió con tanta rapidez que llegó junto a ella y le cerró el paso. El Hombre Conejo tenía razón. Se sintió muy excitado al ver de cerca sus curvas perfectas, su manera de moverse y su dulce sonrisa... Quedó locamente enamorado.

El Hombre Conejo dijo:

—Veo un lago pero nada más. ¿Adónde te diriges?

—Voy a casa —contestó la mujer.

—Pero ¿dónde está tu casa? —inquirió el Hombre Conejo.

—Vivo en lo profundo, en las profundidades del lago —contestó ella.

—Eres tan bella que me gustaría pasar un rato contigo.

—Siéntate aquí, a la orilla del agua, y enviaré a mis hermanas desde las profundidades para que te conozcan —dijo la mujer—. Mis hermanas son mucho más bellas que yo, y además yo tengo que irme —explicó, apartándolo a un lado.

—Espera —pidió el Hombre Conejo.

Pero la mujer dejó la orilla y cada vez se sumergió más y más en el lago hasta acabar desapareciendo en las profundidades convertida en una chinche de agua.

El Hombre Conejo se quedó frustrado y permaneció sentado esperando, tal y como aquella mujer le había dicho, aunque en el fondo no la creía. Pero por fortuna, no tuvo que esperar mucho. Al cabo de bien poco la orilla quedó invadida de chinches de agua que nadaban y se sumergían con mucho alboroto. Cuando las chinches treparon a la tierra, se fueron convirtiendo en hermosas mujeres, cada vez más atractivas, encantadoras y hermosas.

—¿Quiénes sois? —preguntó el Hombre Conejo a las hermosas criaturas que emergían del agua.

—Somos las doncellas chinches de agua —le contestaron—. Nuestra hermana nos envió para tu disfrute.

El Hombre Conejo creyó estar muerto y en el cielo. No podía dar crédito a lo que veía. El goce y el placer se alargaron durante cuatro días hasta que el Hombre Conejo cayó muerto y fue al cielo. Muchas de las doncellas quedaron embarazadas. Esa descendencia se convirtió en el primer Clan de la Chinche de Agua.

Los miembros del Clan de la Chinche de Agua constituyen una oportuna fuerza de resistencia en estos tiempos de sistemas fallidos. Escucha el lenguaje del agua pues susurra el camino hacia este dulce y humilde clan. Invoca la memoria e inteligencia de la corriente para que llene todo lo que te hace sentir vacío.

CIERVO

Los ciervos son mamíferos herbívoros y están repartidos por todo el mundo excepto Australia. Existen muchos tipos de ciervos, según su tamaño y descripción. Prefieren las zonas boscosas y se adaptan bien a la mayoría de los hábitats. Su color varía entre rojizo y marrón y puede volverse gris en invierno. Los machos cuentan con cornamenta.

El ciervo es un símbolo femenino por su donaire y la energía de su corazón. Tienen rasgos muy hermosos. Sus ojos brillan y se dice que su mirada refleja una pureza inocente, la mismísima esencia de la compasión y la benevolencia. Los ciervos son lo que son. A pesar de que son un potente centro energético nunca fuerzan ni presionan para hacer valer su voluntad. Son el poder del corazón; desde una empatía paciente y tierna el ciervo observa el mundo con comprensión y benevolencia.

Los miembros del Clan del Ciervo son sensibles, cariñosos, hospitalarios, amables y comprensivos. Son la dulce medicina, los que observan los problemas acuciantes y conocen el mensaje concreto que puede ayudarte a encontrar la respuesta que necesitas. Como mínimo, aliviarán tu ansiedad y te mantendrán a salvo de los ataques de pánico. Las enseñanzas de los ciervos tratan de compasión, afecto y serenidad. Son devotos, auténticos y perspicaces. No hacen esperar. Su elegancia y su velocidad son proverbiales y están dispuestos a actuar con rapidez en tu nombre.

Su estado de conciencia es extraordinario y sus sentidos son agudos. Por su vínculo con el peyote, se les considera los guardianes de los estados visionarios. Están abiertos al mundo y a los mundos más allá. Se cree que a través de su cornamenta –su antena–, han desarrollado una conexión con una inteligencia superior y que transmiten mensajes de otras esferas de posibilidad y conciencia. Los ciervos enseñan el arte de la sanación, la regeneración y la renovación, y de todo lo relacionado con los partos. Son una energía de un orden superior y son muchos los que creen que los ciervos son sus espíritus ancestrales.

Los ciervos son sagrados en la América nativa. Los chamanes ciervos fueron los primeros chamanes sanadores, los primeros en curar enfermedades. Las danzas tradicionales del ciervo se celebran en muchos lugares de la Isla de la Tortuga. Esas fervorosas danzas son específicas de cada tribu. Por lo general tienen lugar por la noche alrededor de una hoguera, en un amplio círculo ceremonial, pero en otras muchas ocasiones, lugares y circunstancias también se celebran danzas del ciervo.

Si sientes que estás bloqueado, busca una pista de ciervos y síguela. Has de aprender a atravesar el muro imaginario que has construido en tu mente, la pared de ladrillos que te separa de la autorrealización. El ciervo te ofrece una puerta para atravesar esa pared, una puerta que conduce de la ignorancia a la liberación.

Decir que si sigues a tu corazón te conducirá al Clan del Ciervo es un axioma. Si descubres tu camino a la guarida mágica del ciervo y entras, serás recibido con aceptación y amor. Conocer el amor es conocer la paz. La paz estará para siempre contigo una vez que hayas dado el primer mágico paso hacia las enseñanzas del espíritu del ciervo.

COLIBRÍ

Los colibríes son los pájaros más pequeños. Puedes oír su zumbido, pero no puedes ver sus alas, pues es capaz de moverlas cincuenta y cinco veces por segundo mientras está quieto, sesenta y una cuando se mueve hacia atrás, y setenta y cinco cuando va hacia delante. Los colibríes tienen muy buena memoria y recuerdan todas las flores que visitan. Ven y oyen mucho mejor que los seres humanos, y normalmente gravitan hacia su color favorito, el rojo.

El colibrí es un símbolo de gran alegría y felicidad. Si necesitas salir de una situación negativa, te ayudará a conseguirlo. Los colibríes proporcionan la chispa primordial para encender las hogueras de tu libertad. No importa si te trasladas a la manzana siguiente o a mil kilómetros. Comprenderán tus necesidades y responderán a ellas con rapidez. Permite que el espíritu noble y bueno de estas criaturitas te guíe para llegar adonde quieres y necesitas llegar. Te conducirán a tu nuevo hogar.

En la vida cotidiana, el colibrí puede indicarte el camino más fácil y placentero. Los miembros del Clan del Colibrí son asesores del corazón, y crean círculos de benevolencia. Si ese fuera tu camino, tendrás una vida feliz y serás una inspiración para otros. Vive dichosamente ahora. Tu campo energético bendecirá a otros con esa misma alegría.

Los miembros del Clan del Colibrí irradian una energía afectuosa y sanadora. Bailan y alcanzan una vibración superior. Son valientes. Su energía y levedad despiertan a las flores medicinales. Son famosos por su independencia y sus maneras amables. Nunca son negativos y elevan la energía allí por donde pasan. Son guerreros y nunca tienen miedo. Si es necesario se convierten en luchadores feroces y defenderán a los suyos hasta la muerte.

El Clan del Colibrí te dice que trasciendas tu pequeño yo y te conviertas en la respuesta a tus propias preguntas: que entres en la luz multicolor y te conviertas en un feliz receptor de la vibración más elevada que seas capaz de recibir. El camino del colibrí es el camino de la dulzura y ofrece una belleza insuperable.

Colibríes solo pueden encontrarse en el hemisferio occidental. Para hallar al espíritu del colibrí, pasa tiempo en jardines repletos de maravillosas flores, sobre todo rojas. Un jardín lleno de colibríes revoloteando es música para los oídos. Busca la vibración más elevada y bebe del néctar del cambio. Sigue a tu dicha, como dice el lema, pues la dicha está con el Clan del Colibrí. Este clan es muy protector con sus miembros, pero también siente un profundo amor y respeto por todo el mundo. Estar seguro de querer convertirse en un miembro del Clan del Colibrí es el primer paso hacia una gran transformación.

CONCHA

Concha hace aquí referencia a la cobertura externa de animales marinos como las vieiras o las ostras. Pueden encontrarse conchas en las playas de todo el mundo, a orillas de agua tanto salada como dulce. Las conchas están vacías porque su ocupante ha muerto. Lo que queda es la capa protectora creada por ese animal marino.

Hay individuos de carne y hueso que viven en nuestro mundo tridimensional pero que han desaparecido de él. Han descubierto el gran vacío. Están vacíos porque están llenos. Están unificados, con una paz perfecta, en perfecto equilibrio, y viven a través de su luz interior y exterior. Hay que ser consciente para poder verlos, comprender su vaciedad, hay que estar totalmente despierto para conocerlos a ellos y a su espíritu.

Los integrantes del Clan de la Concha suelen realizar trabajos relacionados con las artes, como encuadernación de libros o paisajismo. O bien pueden elegir empleos relacionados con el agua, como limpiar piscinas, lo cual no despierta muchas envidias. O tal vez sí, si lo pensamos un poco más. Pero aunque no lo parezcan, son maestros de la vida y de todas sus vicisitudes. Son los maestros invisibles de profundos preceptos espirituales. El amor es su máxima prioridad. Son la encarnación del amor espiritual. Hay muchos tipos de conchas, pero todas ellas comparten un atributo: la vaciedad.

Una concha contuvo a un ser vivo. Cuando está vacía, nos recuerda que la vida es temporal y que esta morada en la que vivimos también lo es. Tal vez al observar una concha podamos recordar nuestro estado original: nuestra verdadera naturaleza espiritual. La vaciedad llena con la realización del amor cósmico.

Para experimentar la vaciedad debemos haber completado el desapego. Este mundo parece deseable y aunque pudiera parecernos sólido, es impermanente. Todos y cada uno, todas las cosas, todos los seres sensibles van a transformarse. Todos estamos en un viaje hacia la gran vaciedad. Soltando todos los apegos nos liberamos aquí y ahora. No hay nada que alcanzar ni retener, nada a lo que apegarse. Podemos pues disfrutar de este espléndido paseo llamado vida.

La vaciedad no es aburrimiento, soledad ni depresión. No es un pesar. No es espanto existencial ni alienación. En el mundo fenoménico de cambios y en el mundo de cambios continuos, la vaciedad es el arte de soltar, de soltarse de las orillas del río y fluir felizmente. El río discurre hacia el océano y se convierte en mar.

Si puedes experimentar conexión cósmica mientras observas una simple concha, estarás cerca de tu clan. Abre el corazón para recibir las enseñanzas de sabiduría de la concha. En tu interior hay dones esperando a ser descubiertos. Y cuando estamos vacíos, estamos llenos.

CONEJO

Los conejos son peludos y sus colas son cortas y esponjosas. El color de las especies silvestres varía de tostado y marrón a gris negruzco. Tiene los ojos grandes y prominentes y sus orejas suelen ser muy largas. Cuentan con labios prensiles para agarrar la comida. Las patas traseras son recias y los conejos son muy buenos corredores. Son inteligentes y permanecen atentos a su entorno, y más les vale pues son presa para muchos depredadores. Tal vez por eso son increíblemente prolíficos.

Los disolutos conejos tienen algunas cualidades cómicas que pueden resultar negativas. Se quedan congelados o bien huyen siempre que se sienten amenazados. Pero deberían distinguir el hecho de estar realmente en peligro de la falsa percepción de estarlo, y actuar en consonancia. Cuentan con un aire singular y digno. En algunos casos se sienten vulnerables. Pero cuando sienten que están a salvo, saben divertirse. Juguetean y brincan.

El conejo es una figura mítica en todo el mundo. En algunos relatos aparece como una bruja o brujo familiar, que sirve como compañía y asistente. Muchos mitos presentan al conejo como un embaucador, un ladrón, un timador y engañabobos, una criatura cruel y odiosa, astuta y traicionera. Mientras que otros sugieren que los conejos son impulsivos e irreflexivos.

En uno de esos relatos, el conejo intercambia sus ojos con un ciego a cambio de una vida de lujo, buena comida y agua dulce para beber. Por desgracia, sin ojos no hace más que tropezar, romper cosas y sufrir dolorosos accidentes, para acabar perdiéndose en el bosque. Cuando el antiguo ciego regresa, le devuelve sus ojos al pobre conejo y le dice que ha disfrutado enormemente de volver a ver. El ciego y el conejo cambian sus papeles y regresan a sus antiguas vidas. Ambos han aprendido sus lecciones y la experiencia los ha hecho mejores.

La mayor de las lecciones del camino del conejo es cómo superar el miedo, abandonar la actitud defensiva y convertirte en la persona tierna y cariñosa que realmente eres. El Clan del Conejo es muy sociable y los participantes organizan celebraciones, ceremonias y bailes muy alegres. Muchas tribus ejecutan danzas del conejo. También hay danzas del conejo sanadoras. Hay otras menos tradicionales que guardan cierto parecido a la danza del cuadrado* y que también se utilizan. Las ceremonias de la América nativa no hablan mucho de ello, pero existen varias ceremonias del conejo, muchas de ellas ejecutadas por niños. La Pascua es una celebración del conejo que se ha filtrado en gran parte de las tribus nativas.

---

* *Square dance* es un baile popular con cuatro parejas dispuestas en un cuadrado, una a cada lado. El baile fue descrito por primera vez en Inglaterra en el siglo xvii, aunque fue también bastante común en Francia y en toda Europa. En Estados Unidos, algunos estados lo han declarado baile oficial.

Visita a este clan al inicio de la primavera, cuando hayan acabado los fríos y oscuros días invernales y haya nueva frescura en el mundo. Ábrete a unas condiciones más cómodas y a la abundancia. Los días grises y la depresión desaparecen, al menos de momento. El mundo florece; árboles, flores, el entusiasmo y las esperanzas llenan nuestras mentes y corazones. Conectar con el Clan del Conejo llenará tu vida de alegría.

Sé rápido como un conejo y síguelo mientras te conduce en un viaje mágico. El conejo es el guía que te ayudará a descubrir tu camino. Cuando estés disfrutando del amor que te cobija en el corazón de este clan, te sentirás como un conejo sacado del sombrero de un mago.

CORRECAMINOS

El correcaminos corre sin parar. Eso es lo que hace. Parece incapaz de dar un paso andando. Necesita meterle velocidad. El correcaminos de ojos rojos, cabeza tupida y plumaje moteado, es lo bastante rápido para atrapar a una serpiente de cascabel, su alimento favorito.

El correcaminos, también conocido como comeserpientes o ave del chaparral, es un ave terrestre de color marrón oscuro y blanco, perteneciente a la familia de los cuclillos. Cuenta con largas patas y corre con más rapidez que los seres humanos. Pueden elevarse y volar, pero solo durante unos segundos. Han nacido para correr por senderos del desierto y caminos abiertos, y de ahí su nombre. Tienen largas plumas en la cola, que contraen cuando están en movimiento. La velocidad del correcaminos es legendaria.

Avistar a un correcaminos puede provocar deseos inesperados y repentinos de viajar, de querer ir al otro extremo del mundo. A menudo provocan percepciones cognitivas erróneas y sucesos inexplicables. Por ejemplo, ¿alguna vez has estado hablando con una persona llena de energía nerviosa que mira a todos lados y que de repente se esfuma? Sin avisar. Se fue. Así, sin decir ni una palabra ni despedirse. Esa persona sería un individuo acelerado con el espíritu de un correcaminos.

Los miembros del Clan del Correcaminos son los multitarea por antonomasia. Pueden ser conductores de camión o autobús o guías turísticos. Pueden ser aventureros que abren nuevas sendas en territorios ignotos. Siempre están haciendo varias cosas al mismo tiempo. Antes de poder llegar a explicar a qué se dedican, ya están partiendo hacia nuevas aventuras. Son difíciles de retener. A menudo salen disparados de repente sin una razón particular para hacerlo. Piensan con rapidez y cambian de dirección con facilidad. Algunas personas dicen que los correcaminos pueden saltar a otras realidades.

Los miembros del Clan del Correcaminos son supervivientes y tú también lo serás si te admiten en ese inusual clan. Son divertidos. Siempre consiguen lo que quieren y se adaptan rápidamente a todas las condiciones. Son optimistas y libres. No hay mejor aliado que un correcaminos para que te ayude a adaptarte a cambios rápidos y realidades cambiantes.

Si eres muy rápido y tienes poca paciencia con aquellos que se atascan o mueven lentamente, y además necesitas ir a toda velocidad, es muy probable que encajes muy bien en el Clan del Correcaminos. Son gente difícil de seguir. Cambian de dirección y su mente se adelanta hasta que su cuerpo la alcanza de inmediato. Para estar en este clan hay que ser veloz en todos los sentidos. Un correcaminos puede moverse con tanta rapidez como para provocar un estruendo. Este clan es escurridizo, pero si eres capaz de aguantar su nivel de agilidad física, mental y espiritual, puedes estar seguro de que encajarás perfectamente en él.

CORNEJA

La corneja es fácil de reconocer por su pico y sus alas, y su graznido «cascado». Estas aves son de color negro azulado, como el cuervo. De hecho, las cornejas parecen cuervos en miniatura. Tienen buena memoria y comprenden conceptos abstractos. Son muy observadoras y tienen muy buena vista. Las cornejas son aves de presa, pero a causa de su tamaño solo pueden cazar animales pequeños. Son omnívoras, aunque hay ciertas cosas que no comen. Roban huevos de otros pájaros. Les encanta el maíz y son una amenaza para los maizales. Comen lagartos, culebras, gusanos, lombrices y todo tipo de insectos. También son aves carroñeras.

Las cornejas son unas videntes poderosas y saben lo que hay que hacer. Sus mensajes son contundentes. La dirección de sus graznidos es tan importante como la entonación. Cuando te sientas amenazado, pide sus bendiciones y su ayuda. Déjales una ofrenda, una galleta o alguna otra golosina. Las cornejas son valientes y sus poderes sobrenaturales pueden serte de gran ayuda.

Los integrantes del Clan de la Corneja conocen la leyes espirituales y captan las comunicaciones cósmicas que se dirigen hacia la Tierra. Son las transformadoras…, las que cambian. Encontrarse con una corneja es siempre encontrarse con nuevas posibilidades. Las cornejas proceden del vacío anterior a la existencia del tiempo. Juegan con la luz y la oscuridad. Conocen los incognoscibles misterios de la creación, y su clan mantiene el conocimiento de las leyes más sagradas.

Los miembros del Clan de la Corneja han aceptado sus sombras personales. Conocen lo que está oculto y reprimido. No temen la oscuridad. De la oscuridad nace la luz y se renueva el espíritu. Cruzan umbrales y van más allá de juicios de valor y conjeturas. Pueden alargar o comprimir el tiempo y darle así elasticidad a nuestra consciencia. Enseñan que la ley es el camino luminoso que nos conduce a través del vacío. Enseñan cómo convertir el espíritu en carne. Enseñan que la ley espiritual es para siempre y que la ley terrenal es, a lo sumo, breve.

Las cornejas son las guardianas de la ética y saben lo fina que puede ser a veces la línea que separa lo correcto de lo incorrecto. Las cornejas tienen reglas. Pueden metamorfosearse y comprenden su misión. En las ceremonias honran a sus antepasados. Si te sientes atraído hacia este clan, hacia esta bandada de cornejas, y encajas en su sofisticado molde de dignidad y honor, no dudes en comprometerte con este venerable grupo.

COYOTE

Los coyotes pueden ser variopintos, desaliñados y cómicos. Son mucho más pequeños que un lobo y su pelo adopta curiosas combinaciones de color. Pueden avistarse desde Alaska hasta la costa occidental de México, y su territorio incluye gran parte de Estados Unidos, incluso las grandes ciudades como Los Ángeles. Los coyotes son supervivientes.

En muchas leyendas y canciones se cuenta que son unos marrulleros sin escrúpulos, pero hay que admitir que sus chanchullos hacen que los asuntos avancen. Son los maestros necesarios sin los cuales la vida sería monótona. Fuerzan los cambios. Manifiestan la sombra del ser, y con ella todo lo que está reprimido. Tal y como han dicho diversos sabios, no te iluminas siendo un santurrón y esforzándote continuamente por ser bondadoso y alcanzar la luz. Te iluminas buscando en tu interior, descubriendo la luz oculta en tu propia oscuridad, en tu sombra personal.

Hay que escuchar en plena noche a una manada de coyotes aulladores para sentir su potente presencia. Los coyotes son los primeros cantores, los inventores de la música. En ese aullido hay una tristeza desgarradora, sus cantos expresan muchas emociones contradictorias: entusiasmo, asombro, angustia, sensibilidad...

Los miembros del Clan del Coyote, al igual que su animal totémico, pueden parecer extravagantes, vagos e irresponsables. Quizás ocupen la cima de la pirámide, sean millonarios, multimillonarios, directores generales de multinacionales, incluso presidentes de algún país, o bien haber caído a lo más bajo. Pero una cosa es cierta: siempre son estupendos para soltar unas buenas risas.

Los miembros de este complicado clan son brillantes cuando trabajan en grupo: son inteligentes, astutos y adaptables. Pero hay un viejo dicho: «Cuando los ladrones caigan, como inevitablemente ocurre, las pagarán todas juntas». La mayoría de las veces acaban siendo víctimas de sus propias maquinaciones.

Los coyotes son un amasijo de contradicciones. Y lo mismo puede decirse de los integrantes del clan que lleva su nombre. En los mitos, los coyotes son dioses que se afanan en crear disonancia y desorden, es decir, en fastidiarlo todo. Son unos bromistas geniales. Su lema es «haz algo temerario siempre que puedas» (*siempre* es la palabra clave). Se adaptan a cualquier situación, así que, para ellos cualquier momento es bueno para timar a alguien.

Una última muestra del saber popular sobre los coyotes: se dice que si oyes el canto de un coyote a través de la ventana abierta de tu dormitorio tus plegarias pronto serán atendidas. La cuestión es ¿qué plegarias? Tal vez la respuesta a la plegaria llegue demasiado tarde o será algo que ya no quieras. Por ejemplo, puedes haber rezado por salir de la cárcel, pero la respuesta a tu oración llega a destiempo, cuando ya estás fuera, de manera que para que se cumpla lo que pediste, has de volver a la cárcel para volver a salir. Más te vale que tus oraciones no sean egoístas y que sean en beneficio de todos.

Lo creas o no, los coyotes son unos santos. Sí, es cierto, te lo ponen difícil, pero lo hacen por tu bien, para sacarte de la parálisis. Pueden ayudarte a procesar tus peores problemas y solucionarlos. A los coyotes les encanta jugar. Juegan fuerte y a menudo lo pierden todo. Puedes correr el riesgo y apostar por ellos. Cuando soplen vientos helados y oigas la llamada de un coyote, síguela solo si es necesario. Asegúrate de esconder el dinero en tu zapato y de proteger tu cartera. El Clan del Coyote está esperándote para enseñarte unos cuantos trucos.

CUERNO

El cuerno, en este caso el cuerno de búfalo, nos une al corazón y el espíritu del poderoso búfalo, el jefe de todos los animales. El cuerno es un símbolo de la fortaleza y el poder concentrados en él. Incluso con la energía que emana de un cuerno de búfalo se puede practicar radiónica.[*] Se dice que un talismán de cuerno de búfalo, basta con una astilla, rejuvenece a la persona que lo lleva y estimula de nuevo facetas divinas que había perdido.

Sin embargo, aunque es bueno apoyar la artesanía indígena, no hay nada honorable en adquirir cuernos, pieles, pezuñas u otras partes de animales. Nadie debería participar en nada que pueda poner en peligro a los animales. Has de descubrir tus propias medicinas en la naturaleza o bien deberían serte regaladas a través de una vía medicinal ética.

Llevar una pequeña astilla de cuerno de búfalo nos conecta con la sanación espiritual y física. Nos libera de los lazos que nos atan, sean estos los que sean. Nos abre una vía de comunicación con los espíritus de los antepasados y de los animales, tanto cuadrúpedos como alados. Puede despertar una extraña energía en tu interior, una fuerza misteriosa que roza lo divino.

---

[*] La radiónica es una medicina alternativa que afirma que las enfermedades pueden ser diagnosticadas y tratadas con un tipo de energía similar a las ondas de radio. En el ámbito del chamanismo es un arte que utiliza instrumentos y patrones programados para elevar las frecuencias y sanar a distancia.

La pequeña astilla de cuerno de búfalo es una llamada a las armas espirituales y un compromiso de compartir y servir a la comunidad. El búfalo representa oración y conexión con el Gran Espíritu. Este gran animal simboliza generosidad y honor. Los integrantes del Clan del Cuerno cuentan con un gran espíritu, y sin embargo son humildes. Son devotos, inspiradores y decididos. Constituyen una fuerza unida con la Tierra y con la libertad personal. Son un grupo profundamente espiritual. Dan la impresión de mejorar todas las vidas con las que entran en contacto. Tienen el valor de ser honestos y no pretenden ser otra cosa que lo que son. Son abnegados y están unidos en el respeto hacia todo lo sagrado.

Los miembros de este clan pueden parecer un poco rígidos y distantes, pero descubrirás que siempre cumplen. En la actualidad, la danza del búfalo se celebra anualmente en todas las Grandes Llanuras de la Isla de la Tortuga. Te resultará obvio si te sientes atraído hacia el Clan del Cuerno. Amas a tu comunidad y quieres colaborar. En el momento en que entres en el círculo de este clan, hallarás serenidad, paz y todo el amor y la aceptación que desees.

FLAUTA

Las flautas están entre los instrumentos de viento más antiguos. Distintas culturas las han utilizado y las utilizan. En sus orígenes algunas flautas eran de hueso. Para otras se empleó el marfil, el cristal y, ya luego más adelante, el metal e incluso el plástico. La flauta es un instrumento muy popular y se usa en todos los géneros musicales, desde el pop hasta la música clásica. En la América nativa existe una gran variedad de tipos y calidades. Son sobre todo de madera pero algunas son de arcilla. Los chamanes llevan utilizando flautas desde tiempo inmemorial para producir potentes sonidos capaces de alterar el estado de conciencia.

Escuchar música de flauta puede abrirte la mente y el corazón. La flauta es importante en muchas tradiciones espirituales y místicas. Krishna tocaba la flauta. El dios Pan danzaba en los campos mientras tocaba la flauta. Se dice que la flauta adecuada en el momento justo puede despertar los chakras con los sonidos correctos y apropiados. Su sonido puede iluminarte. La flauta sigue utilizándose actualmente en Turquía para acompañar el girar de los derviches.

Los integrantes del Clan de la Flauta son músicos consumados y saben cómo producir sonidos seductores y atrayentes que te transportarán a otros tiempos y otros lugares. A menudo están locos de felicidad. Permanecen en contacto con pájaros cantores, con el viento estridente, con los sonidos emitidos por las plantas y las flores.

Los miembros de este clan pueden ser soñadores, poetas, visionarios o musicólogos. Pueden rapear, rocanrolear o incluso arrancarse con algo de *sludge metal*.* Pueden tocar con la misma facilidad en una orquesta sinfónica que en una banda de garaje. Están en contacto con el mundo inferior, poseen conocimiento sobre el ser profundo, la armonía, la felicidad y la prosperidad. Saben cómo llamar a las musas y conseguir esas escurridizas cualidades musicales que te sincronizan con lo mágico.

La música vive en sus corazones. Son los flautistas de Hamelin que mantienen el equilibrio de lluvia, crecimiento y descomposición. Buscan la cantidad adecuada de sol. Su flauta llama a crecer a las plantas y sus potentes ceremonias elevan el espíritu de todos los que las presencian.

La flauta te ayudará a navegar por el camino espiritual. Sigue a los espíritus de la flauta. Si tu corazón está lleno de poesía, si escuchas la música sin escucharla y bailas la danza revitalizadora del flautista y te haces uno con la gran danza de la creación, permite que la música te conduzca al centro sonoro del alma en la Casa de las Flautas. No tardarás en encontrarte como en casa en el Clan de la Flauta.

---

* El *sludge metal* es un subgénro del *heavy metal*. El término *sludge* hace referencia al residuo que nace del tratamiento de los desechos tóxicos de los drenajes y la basura industrial.

FRENTE

Se cree que la frente humana es la sede de la transformación interna y externa. Recibimos información del mundo exterior mediante la observación y otros datos sensoriales. La observación interior es igual de importante, tal vez la más importante. La frente es el punto de separación entre los mundos interno y externo y las percepciones del alma.

La mayoría de las personas dividen el mundo en distintas cosas. Y no solo eso, sino que además emiten juicios de valor al respecto: «Eso es bueno; eso es malo». Su mirada no penetra en la totalidad. Existe mucha confusión entre qué es qué y qué podemos hacer al respecto. Pero no para los chamanes. Ellos saben qué hacer al respecto y lo llevan haciendo desde hace mucho tiempo.

Los integrantes del Clan de la Frente son visionarios. Pueden ser muy poco convencionales. Han girado su mundo y penetrado en toda la oscuridad. Enseñan perceptividad espiritual y madurez. Sus ojos son puertas abiertas al Misterio. Reconocen a personas afines en su búsqueda de la luz. Te piden que viajes por esa misma senda del despertar espiritual. Se los llama Clan de la Frente porque tienen el tercer ojo abierto.

A los miembros de este clan se los suele considerar adivinos o videntes porque ven el mundo con los ojos del espíritu. Enseñan que ese es el camino sagrado.

Piensan en positivo. E incluso ven lo positivo que se oculta tras lo negativo. Para ellos no existen las dualidades. Todo está bien.

El Clan de la Frente es un clan que asiste, que es sabio y afectuoso. Podría incluso afirmarse que sus integrantes están en comunión con la inteligencia divina: a muchos de ellos se les ha revelado nuestra conexión con los numerosos mundos que habitamos simultáneamente. Los miembros del Clan de la Frente siempre ven el camino adecuado y no se apartan de él. Nunca se pierden. Pueden, al principio de iniciar su camino, imaginar que se han vuelto locos. Sienten presión en la frente. Tal vez incluso oigan voces, tengan sueños inusuales y antinaturales, etc.

Deben traspasar ese velo. Son los que ven, aquellos cuyas realidades —interna y externa— coinciden. Tienen experiencias extracorporales y su capacidad de percepción está agudizada. Observan más y pueden hacer más que la gente normal. Ven espíritus y seres que no son de este mundo.

Los miembros de este clan son extremadamente intuitivos. Su intuición es una forma de conciencia precisa y más elevada. Son clarividentes. Su mente se ha expandido. Pueden ver sucesos en otras latitudes, sin importar la distancia. Mucha gente prefiere no ver el futuro. Sin embargo, el Clan de la Frente debe hacerlo.

Para encontrar al Clan de la Frente has de experimentar la unión, la experiencia mística de conocer tu propia alma y, por extensión, todas las almas.

Este clan enseña una atención plena elevada, conocimiento oculto y supraconsciencia. A este clan no se lo descubre buscando sino abriéndose. No es una búsqueda; es una convergencia. En el Clan de la Frente hallarás pragmáticas enseñanzas necesarias para alcanzar la comprensión espiritual de quién y qué eres.

Como dicen los maestros: «No vayas demasiado deprisa. Ve despacio, despacio».

FUEGO

El fuego convierte la energía del combustible en calor, humo, ceniza y luz... Para poder existir, el fuego debe devorar algún otro elemento. Debe estar activo. Si hay alimento a su alcance, lo devorará. Si se le priva de alimento, se extinguirá. A diferencia de otros elementos primarios, que son fijos y constantes, el fuego es un glotón que se da un homenaje siempre que puede.

Los miembros del Clan del Fuego son muy cálidos. Son intrépidos. Pueden entusiasmar a casi todo el mundo. Viven con pasión. Se enfadan con facilidad. Pueden pasar de ser un rescoldo candente a convertirse en un gran incendio. Tienen mentes rápidas y a causa de su velocidad mental vertiginosa, pueden sacar conclusiones precipitadas. Tienen opiniones sobre todos y todo.

Les encantan las emociones fuertes y por ello las buscan. Son ardientes. Son emprendedores. Suelen ser carismáticos, y pueden llegar a serlo de manera abrumadora. A veces lo son demasiado y reducen a cenizas a gente más débil. Su fuego interior puede consumir y destruir o puede aportar calidez y luz. Es un clan de grandes paradojas.

La magia pertenece al fuego, al menos eso dicen los miembros del Clan del Fuego. Y ellos lo dominan y lo manejan. Caminan sobre brasas ardientes. Soplan su aliento de fuego sobre los pacientes durante ceremonias de sanación. Aseguran que pueden estallar en llamas a voluntad. Vuelan surcando el cielo nocturno como bolas de fuego. Es su manera de viajar preferida cuando visitan a otros miembros del clan.

Existen miles de mitos sobre cómo llegó el fuego a manos de los seres humanos. En la mayoría de ellos fue robado a los dioses, a extraterrestres, a otras divinidades o incluso a un terrible dragón o monstruo. Quien poseía fuego se aseguraba la supervivencia.

Por regla general, el ser humano necesita la energía del fuego en su forma física para calentarse, como protección. También son necesarios los fuegos alquímicos internos, los fuegos del corazón y los de la mente. Este elemento siempre necesita estar equilibrado. No enciendas un fuego sin crear antes unos límites en los que contenerlo. El fuego puede ser explosivo y eludir todo control. Puede saltar, extenderse y causar incalculables destrozos. La energía del fuego exige respeto. En una ceremonia del fuego se sostiene una vara ardiendo que será liberada en el fuego sagrado comunitario. Al soltarla también se sueltan energías indeseables. En la tierra, el aire y el agua hay un poco de fuego, es una energía constante que permea el universo. Es el espíritu en el núcleo de toda la materia.

Si consideras que eres del Clan del Fuego, necesitas saber si puedes aguantar el calor, si puedes jugar con fuego y salir indemne. El Clan del Fuego te ayudará a expandir y reavivar tu pasión por la vida e incrementar tu creatividad. Calienta tu espíritu en las llamas; el Clan del Fuego te proporciona un crisol para transformarte y moldear una nueva vida de entusiasmo y realización.

GRULLA

Las grullas son aves estilizadas y zancudas, que generalmente viven en la orilla del agua. Algunas son blancas y otras son ligeramente verdosas, de un color oliváceo con algo de marrón. Su cabeza y su cuello suelen ser de un color ceniciento más oscuro. Las grullas adultas miden alrededor de un metro y veinte centímetros.

Son unas criaturas hermosas. Cuando despliegan sus alas y se elevan hacia el cielo, lo hacen con movimientos armoniosos. Son un símbolo de primavera y fidelidad.

El vuelo de la grulla es hacia los descubrimientos. Al trabajar con su energía, uno puede influir en el tejido de la realidad. Las grullas fluyen. Son un símbolo de longevidad y relaciones felices, en especial de las relaciones parentales entre padre e hijo. Las grullas también simbolizan la esperanza. Te ofrecen una oportunidad para investigar tu identidad echando un vistazo en profundidad al funcionamiento de tu vida, para luego examinar lo que no está funcionando y llevar a cabo las reparaciones necesarias. Las grullas poseen autoconocimiento y saben exactamente cuándo y cómo actuar. Son la actualización perfecta de lo que hay que hacer, nada más y nada menos. Una enseñanza sobre cómo invertir la menor cantidad posible de esfuerzo a la vez que se recogen los mayores beneficios.

Los miembros del Clan de la Grulla son gráciles, equilibrados y despliegan a un tiempo fortaleza y elegancia. Son comedidos y tienen aplomo. Son seres acuáticos que recuerdan su estancia en el vientre materno y las enseñanzas espirituales que recibieron cuando estaban allí en estado fetal. Esas lecciones han sido instiladas en su mismísimo ADN. Poseen dotes innatas de liderazgo y disfrutan de largas y fértiles relaciones.

Los miembros del Clan de la Grulla son flexibles, y en lugar de preocuparse sobre lo que no tienen, trabajan con lo que hay disponible y lo mejoran. Comprenden que el frenético ajetreo de la multitud no lleva a ninguna parte. En lugar de ello, enseñan el punto de equilibrio. El Clan de la Grulla te enseña a hacer cada vez menos hasta que encuentras el centro del torbellino, lanzando un contraataque contra la turbulencia de nuestros tiempos.

Cada día, cósmicamente hablando, estás en un lugar en el que nunca has estado en un mundo que acaba de nacer..., un mundo que nunca existió hasta este momento. Existen incontables mundos antes de tu aparición y la grulla sabe cuál es el que te conviene elegir. Las grullas saben que nunca puede regresar lo que ya fue y que cada momento contiene la infinitud.

Encuentra tu paz interior más profunda y darás el salto cuántico que te impulsará al Clan de la Grulla. Debes salir de tu propio camino y escapar de tu trayectoria actual, de lo que te somete, y soltar tu equipaje. Salta fuera de esta densa dimensión que te aplasta con su gravedad de plomo, con su ignorancia y falsos valores. Este clan te ayudará a suprimir tu mente racional a fin de que te des cuenta de que el universo es un sitio enorme y que tú —el tú pequeñito— eres una parte de su estructura. De esa manera podrás renacer en el reino de una nueva canción, un nuevo baile, una nueva espiritualidad, envuelto en las alas hermosas de la divina y bella grulla, y de su acogedor y afectuoso clan.

HALCÓN

Los halcones están emparentados con otras hermosas aves como el azor o el gavilán. Al igual que las águilas, son rapaces, poderosas aves de presa con picos curvados y garras afiladas. También se lanzan en picado para atrapar ratones, serpientes y conejos. Cuentan con una increíble capacidad visual y ven en color. Los halcones hembras son más grandes que los machos.

Son aves solares, señores de los rayos dorados del amplio mundo azul superior. Si perteneces al Clan del Halcón, te llegarán con facilidad ideas creativas desde su vasto depósito de información y experiencia. Puedes planear libremente hacia tu hogar. También proporcionan perspectiva. En otras palabras, pueden leer las épocas y ver cómo encajan los acontecimientos.

Los miembros de este clan cuentan con ojos agudos, de halcón. Sobrevuelan los problemas hasta resolverlos. Son observadores astutos, contemplativos y analíticos. No se les pasa por alto nada. Los halcones tienen principios nobles y elevados, pero son sensatos.

Escúchalos. Son mensajeros sagrados que transmiten comunicados desde el alma del viento, que lo sabe todo. Son valientes y hermosos. A menudo se los relaciona mítica y simbólicamente con el más allá. En el antiguo Egipto se creía que un ser con cabeza de halcón y cuerpo humano escoltaba a los muertos al paraíso. Se dice que los halcones son el alma del alma. Son aves mágicas que pronuncian palabras iluminadas de poder para todos aquellos que escuchen.

Los miembros del Clan del Halcón son oráculos proféticos. En caso de necesidad, confía en tus instintos de halcón y rompe una lanza a favor de la libertad personal. Imponte. Los halcones tienen fuerza y poder, y superan los obstáculos. No permitirán que su premonición se les escape sin aprovecharla al máximo.

Los miembros del Clan del Halcón también son expertos comunicadores y hábiles informáticos (*hackers* incluidos). Son buenos negociantes y pueden vender cualquier mercancía —también información— con rapidez. Pueden ser comerciantes, viajeros o trabajar en la industria turística. A menudo son atléticos y les encanta la vida al aire libre. Les chiflan las aventuras y la libertad. Tal vez sean conductores de coches o motos de carreras. Son expertos en transiciones. Si prevalece su lado oscuro, pueden ser timadores y ladrones. Sea cual fuere su carácter y conducta, siempre resultan elocuentes y convincentes.

Los halcones a menudo tienen alguna conexión con los medios de comunicación. Magnifican la información. Son estupendos periodistas de investigación y siempre consiguen las exclusivas. Algunos son estadísticos. Hay muchos dedicados a la informática. Para encontrar este clan, salta a tu ordenador e investiga.

HORMIGA

Las hormigas evolucionaron a partir de criaturas parecidas a las avispas mucho antes de la aparición de los seres humanos. Puede que sean pequeñas pero también son muy fuertes y pueden levantar hasta cien veces su propio peso. Son activas y están orientadas hacia la comunidad. Generan armonía y te enseñan cómo trabajar con facilidad y sin quejas. Trazan un plan y se ciñen a él. Invierten la mínima cantidad de energía posible en realizar sus tareas, pero nunca evitan el trabajo duro.

Los miembros del Clan de la Hormiga tienen muchos poderes, como la laboriosidad, el orden y la perseverancia. Cuando trates con hormigas de manera poco respetuosa, ten cuidado, no te vayan a morder. Se dice que algunos integrantes del Clan de la Hormiga pueden invocar a dos magos de tamaño humano desde la entrada de un hormiguero. Esos dos seres son una especie de genios que te concederán tus deseos y harán lo que les ordenes. Por lo tanto, tal vez quieras sentarte a meditar cerca de un hormiguero para comprobar qué tipo de medicina estarían dispuestos a ofrecerte.

Hay una historia que habla de una pobre mujer cuya aldea fue atacada mientras ella recogía bayas. Sus hijos y demás familiares fueron asesinados. Se volvió loca y vagó durante días por el bosque sin comer, durmiendo sobre el frío e incómodo suelo. Mientras caminaba vio a una mujer alta con un vestido rojo, que llevaba una capa y cubría su cabeza con una caperuza. Cuando se acercó a ella, la aldeana se dio cuenta de que se trataba de una aparición y de que estaba junto a un gran hormiguero.

—Mi pobre niña, hija mía, toma este bastón de nogal y traza un profundo círculo alrededor del hormiguero. Una vez hecho, háblale a la entrada y pide a las hormigas lo que quieras.

La mujer de la caperuza le alargó el palo y desapareció ante sus ojos. La pobre mujer hizo lo que le había indicado. Habló con las hormigas del hormiguero marcado con el círculo y dijo:

—He perdido todo lo que era importante para mí, pero os suplico que me devolváis las ganas de vivir.

Regresó a su aldea en ruinas y encontró su viejo tipi. Todas sus posesiones habían sido robadas o destruidas: su suave manto de piel de búfalo, su ropa y otros objetos habían desaparecido. Los palos de la estructura estaban partidos y rotos. No quedaba nada de su vida anterior que pudiera usarse.

Una vez más, estaba a punto de entregarse a la desesperación cuando se le acercaron cuatro mujeres supervivientes. Señalaron hacia el tipi más hermoso que nunca viera:

—Es tuyo —dijeron las mujeres, emocionadas—. Vino una larga fila de gente vestida de rojo, trajeron muchos materiales y lo construyeron para ti. Trabajaron sin cesar desde el amanecer hasta el anochecer durante cuatro días. También llenaron tu tipi con todo lo necesario. No te faltará de nada.

La mujer no daba crédito a lo que veía. Tenía todo lo que podía necesitar y mucho más para compartir. No tardó en conocer a un joven y en casarse con él. Tuvieron varios hijos y vivieron felizmente hasta envejecer. Ella siempre les estuvo agradecida a las hormigas y no olvidó nunca de dónde procedía su buena fortuna.

Si buscas el camino para llegar a este clan, presta atención a los trabajadores, a quienes estuvieron allí e hicieron todo eso. Pídeles orientación. Permite que las laboriosas hormigas te abran camino y tal vez te descubras a ti mismo trabajando junto a personas de inclinaciones parecidas, logrando grandes maravillas.

JILGUERO AMARILLO

El jilguero amarillo es una de las criaturas más maravillosas, un pájaro de un amarillo dorado con plumas negras en sus alas y doce plumas caudales amarillas. Es llamativo y exquisito. Algunos dicen que es un pedazo del sol espiritual. Y también incluso que el jilguero amarillo es un intermediario enviado desde este astro y que lleva con él el poder medicinal del sol espiritual. Una mirada suya puede ser como un relámpago que abra tu corazón a un propósito superior. Cuando vuela, sus acrobacias aéreas son a menudo objeto de estudio. Cuando se lanza en picado, es un espectáculo sobrecogedor. Puedes ver cómo los machos persiguen a las hembras. En invierno se reúnen en bandadas y buscan comida juntos. Tal vez por eso son un recordatorio de los beneficios de consumir mucha proteína y llevar una dieta equilibrada.

Metafísicamente, el color amarillo evoca rayos dorados, alegría, una potente capacidad intelectual y coherencia lógica. El jilguero amarillo es el avatar de este color. Entra en el círculo medicinal dorado del jilguero amarillo y verás cómo abundan esas cualidades. Este amigo emplumado te recuerda que seas optimista y permitas que tu luz brille.

Estos hermosos pájaros son de gran ayuda para los agricultores. Se comen los insectos y mantienen a raya las malas hierbas al consumir sus semillas. En otoño, los machos y las hembras suelen separarse hasta la primavera. Como fuente de inspiración, el jilguero amarillo proporciona la chispa divina que enciende la creatividad y conduce a la realización. Es consciente de su sol interior, el núcleo espiritual de su ser. Esta conexión le proporciona una disposición positiva y brillante.

Los miembros del Clan del Jilguero Amarillo hacen gala de buen humor y de ser felices. Siempre son optimistas, una cualidad muy apreciada en los tiempos que corren. Entran en una habitación y esta se llena de una alegría dorada. Hay alegría en sus corazones porque están conectados con la energía del sol. A su vez, esta los conecta cósmicamente con la armonía de las esferas, que los vuelve dinámicos y arrojados.

Los miembros del Clan del Jilguero Amarillo aman la vida. Son vivaces y optimistas. Son leales, de naturaleza intuitiva y espiritual, y siempre se relacionan entre sí con una gracia y una belleza incomparables. Son recordatorios del contento y la alegría, de vivir según las viejas costumbres y de llevar una vida sencilla y feliz, brindando bajo el sol.

Los miembros del Clan del Jilguero Amarillo son entusiastas y te ayudan a iniciar nuevos proyectos sin pedir nada a cambio. Son ecologistas por naturaleza y se muestran cuidadosos con los recursos de la Tierra.

Si el dulce trino del jilguero amarillo resuena en tu mente, dirígete hacia él. El Clan del Jilguero Amarillo debe estar cerca. Medita en el sol interior de tu plexo solar. El luminoso jilguero amarillo iluminará el camino hacia la abundancia y la felicidad doradas en todas las áreas de tu vida.

LAGARTO

Estas divertidas y elegantes criaturas son reptiles. Tienen escamas, dientes afilados y garras. La mayoría son rápidos y espontáneos. Existen muchos tipos de lagartos, desde la salamandra hasta el dragón de Komodo, desde los que son pequeños como un dedo hasta los que alcanzan un tamaño mayor que el de un ser humano.

Los lagartos viven en todo tipo de entornos, desde las cotas más altas de las montañas hasta las zonas bajas de los valles, desde bosques frondosos hasta desiertos abrasadores. La Antártida es el único lugar que carece de una población de lagartos. A menudo viven en los árboles y son grandes trepadores. Los que viven en el suelo suelen merodear por lugares casi inaccesibles y en todo tipo de terrenos, mientras que otros disfrutan del calor del sol en la acera de alguna ciudad.

Pueden resurgir de un estupor somnoliento repentinamente y salir zumbando hacia otro lugar más seguro. Algunos corren, saltan y se agarran a una rama para luego escabullirse por el tronco de un árbol. En todos esos lugares se los puede ver corriendo de un lado a otro. Viven en zonas fronterizas, entre una naturaleza irreductible y otros lugares más efímeros.

Los miembros del Clan del Lagarto son soñadores místicos y presiden búsquedas visionarias, ceremonias que invocan espíritus, sesiones de espiritismo y otros ritos sagrados que te ponen en comunicación con el mundo de los espíritus donde son posibles todas las realidades. Algo parecido ocurre con los estados visionarios y los sueños. Los seres humanos están en un lado del sueño mientras que los lagartos están en el otro, en un lugar en el que los sueños de todas las criaturas son revelados. Los sueños son la realidad ordinaria de los lagartos. Sueñan incluso cuando están despiertos.

Los miembros del clan entran y salen de estados de sueño colectivos e individuales y creen que hay señores de los sueños que sueñan nuestra realidad cotidiana. Algunos chamanes dicen que las pesadillas son enviadas por una bruja malvada y miserable y por su compañero, un hechicero igualmente malvado. Se alimentan de los sueños de los demás y los convierten en los suyos propios, intentando devorar el alma del soñador. No obstante, lo que permea el cosmos es el amor, que acaba venciendo. Si te encuentras con un lagarto, agárrate a tus sueños. Para los lagartos, el sueño es real, está mucho más allá de las percepciones ordinarias, más allá de los sueños lúcidos, y sustituye a las demás realidades, fundiéndose en una gran hiperrealidad en la que los lagartos se convierten en Origen y son uno con el Absoluto.

Soñar es una disciplina que los soñadores aprenden con el tiempo. Los sueños conducen a la liberación. El Clan del Lagarto te enseña a hacerlos tuyos y a no confundirlos con sueños que pertenecen a otros. Sigue la senda del lagarto hasta el tiempo del sueño donde moran los lagartos soñadores. Querrás empezar a mantener un diario de sueños para registrar su calidad y cantidad. Toda tu experiencia soñada es importante. Los lagartos se mueven en muchos mundos, interiores y exteriores. Si puedes seguir la orientación mística oculta en los sueños del Clan del Lagarto soñador, te llevará a estos. La mayoría de las disciplinas espirituales te conminan a despertar. Sin embargo, este clan te dice que te acuestes y sueñes. Despierta en el interior del sueño y allí hallarás a tu clan.

Para despertar a lo posible, sueña.

LOBO

El color del pelo de un lobo varía entre gris y negro, e incluso puede ser blanco. Los lobos viven en manadas y el número de sus integrantes suele ser inferior a diez. Las manadas a veces controlan más de doscientos kilómetros cuadrados. Su dieta preferida son los animales ungulados como el caribú, el reno, el búfalo, el ciervo, el alce y otros. Pueden llegar a correr a casi sesenta kilómetros por hora en distancias cortas. Normalmente caminan a unos ocho kilómetros por hora.

Los lobos son extremada e inquebrantablemente leales entre sí. Cuentan con poderes mágicos y conexiones cósmicas con la luna y con todas las enseñanzas de esta. El lobo es un guía y es el explorador original. Se dice que estos animales conocen todos los caminos todos los caminos, todos los senderos, pasadizos, callejuelas y sendas. Nunca se pierden. Los lobos siempre han sido guerreros, cazadores y rastreadores.

Se dice que algunos miembros del Clan del Lobo son capaces de encontrar el camino en otras dimensiones. Al principio del mundo, el Gran Espíritu mandó a los lobos que midiesen toda la Tierra y regresasen para dar cuenta de lo que habían descubierto. Y así lo hicieron. Los lobos se orientan muy bien a lo largo y ancho del planeta. Poseen un vasto conocimiento de las matemáticas y la geometría sagradas.

El Clan del Lobo enseña a escuchar lo que se dice y prestar atención a ello. Los integrantes de este clan son inteligentes. Honran y protegen a su familia y a su manada. El sonido de una manada de lobos estallando en cantos y aullando en el silencio de una noche de luna resulta espectacular. Te estremece y fortalece el espíritu humano.

Los lobos son resilientes. No son unos egocéntricos convencidos de que pueden hacerlo todo solos. No se resisten a la ayuda y saben que cuentan con una red de hermanos y hermanas que los apoyan. La manada se ocupa del bienestar de cada lobo: reconfortará, animará y ayudará a cualquier miembro que lo necesite.

Los miembros del Clan del Lobo son instructores naturales, narradores, historiadores y pensadores. Muy a menudo son el alma de una fiesta. Están sincronizados cósmicamente para cambiar tus principios y hacerte pensar. Incluso en las conversaciones intrascendentes te revelan que tienes mucho que aprender.

Recuerdan que son descendientes de lobos. Celebran ceremonias y le cantan a la luna para honrar a sus antepasados. Son reconocidos protectores de la cultura, la tradición y el medioambiente. También son historiadores precisos. Se dice que pueden ver con mucha claridad el pasado y hacer que este reviva ante tus ojos. Los coyotes y los lobos fueron los primeros músicos y conocen las partituras. Comprenden la vibración.

Algunos miembros de este clan son formados desde la infancia para aprender de la naturaleza: de árboles, de piedras y, desde luego, de los animales. Llevan consigo esas enseñanzas, además de cientos de parábolas, historias de medicina y leyendas. Conocen los rituales y son reconocidos como los mejores maestros.

Se recurre a los integrantes del Clan del Lobo en momentos de confusión e inestabilidad para liderar y enseñar, y son un clan importante para los tiempos presentes. Formar parte de este clan es comprender cómo impartir el conocimiento. Es caminar durante las horas del crepúsculo y controlar tu territorio interior y exterior. El Clan del Lobo te enseñará el camino de regreso a casa.

LUNA

La luna, nuestra vecina celeste más cercana, es un satélite natural de la Tierra y ambas están energéticamente entrelazadas. La luna afecta a las mareas, las estaciones y los extraños comportamientos en las interacciones humanas. Solo vemos una cara de la luna. La otra mitad permanece oculta desde la Tierra. La luna tiene poderes mágicos. Nos hace receptivos a nuevas ideas y prácticas.

La *saliva* de la luna, el rocío, contiene un compuesto que fomenta la fertilidad y ahuyenta a los malos espíritus, manteniéndolos encerrados en su lugar. El rocío hace que la vegetación se sienta cómoda y saludable. Y también los árboles. La manera en que los árboles reaccionan al rocío ayuda a los chamanes a saber de qué dirección llega la enfermedad. El rocío es un factor equilibrador y es necesario para una vida vigorosa.

En las noches oscuras en las que la luna llena se alza en su espumosa grandeza, puedes ver al hombre en la luna, a la mujer en la luna y quizás incluso al conejo en la luna, y si te fijas lo suficiente, también verás a un sapo en este multifacético satélite. Algunos afirman ver perros, gatos e incluso vacas. La luna embruja, es femenina. Es estrictamente energía femenina. Es propicia. El autoconocimiento resulta imposible sin las capacidades reflectantes de la luna.

Los miembros del Clan de la Luna suele ser emotivos y tienen intensos sentimientos cambiantes. Poseen una luz interior casi cegadora. Esa luz interior es lo que los guía. Hay personas que pueden sentirse confusas y perdidas, pero no es el caso de los miembros del Clan de la Luna. Son honestos consigo mismos en los temas del corazón. En los negocios son directos. Han aprendido a lidiar con el estrés mental sin sentirse abrumados.

Cuando la luna asoma grande en el firmamento nocturno, y es luminosa, redonda y hermosa, es cuando se celebran las reuniones del Clan de la Luna. Suelen ir acompañadas de música ritual y ceremonias, cantos y bailes, y se celebran tanto en luna nueva como en luna llena.

En un año lunar hay trece Lunas Abuelas. Los meses de veintiocho días cuentan con nombres pintorescos, como Luna Fresa, Luna Flor, Luna Esturión, Luna Noche Larga y otros cientos más de nombres dependiendo de las tribus. La Luna Abuela te ayuda en tus sueños y alienta las visiones. Si te sientes atraído por uno de los clanes de animales, presta atención a la luna. La luna mantiene una relación especial con animales nocturnos como el búho y el lobo, y podría proporcionar la llave para desbloquear esa relación. Si te fuera posible, pasa tiempo cerca del océano una noche de luna llena. Pide claridad a las mareas. Permite que la atracción magnética te lleve al Clan de la Luna. Revitaliza tus biorritmos. Espera sorpresas y recuerda las costumbres antiguas y la antigua magia perdida.

MAÍZ

El maíz es una planta doméstica y debe ser cultivada. Si plantamos maíz, nos veremos recompensados mil veces. La sémola de maíz, el cocido de maíz, las gachas de maíz y el pan de maíz son ejemplos de los cientos de platos que lo utilizan como su principal ingrediente. El maíz es medicinal y saludable. La última mazorca de maíz cosechada contiene un potente espíritu. En algunas culturas indígenas esta mazorca se transforma en una estilizada muñeca que se cuelga en la cocina o en algún otro lugar de la casa. Aporta prosperidad a la familia, y se asegura de que todos estén alimentados y sean felices.

El maíz es una cosecha antigua y tradicional. Nació del Padre Sol y la Madre Relámpago. Simboliza fertilidad, abundancia y vida, y se considera sagrado. El maíz es alimento. Nos sustenta. Nos alimenta y tiene muchas lecciones espirituales que enseñar. Se utilizan todas sus partes. La pelusa se convierte en té medicinal, rico en antioxidantes. El hollejo se emplea en la preparación de diversos tipos de tamales. El polen del maíz nos enseña la bondad de la tierra, el don de la vida, paz, longevidad, regeneración y abundancia. El polen y la harina de maíz se utilizan de distintas maneras en muchas ceremonias sagradas. El polen es considerado sagrado y da acceso a un lugar sagrado, a un lugar de abundancia.

Al igual que los granos en una mazorca de maíz, los miembros de este clan están cerca unos de otros. Están unidos en su apoyo mutuo. Saben cómo trabajar juntos en grupo o cómo hacerlo individual y separadamente. Trabajan para mantener el orden y la supervivencia del clan. El maíz es sustento pero también nos ofrece una metáfora sobre cómo vivir bien.

Hace mucho tiempo el coyote danzó y el maíz creció. Los dos primeros seres humanos, hombre y mujer, nacieron de dos mazorcas. El varón nació del maíz blanco y la mujer del amarillo. Poco después llegaron muchos más. Quienes se plantaron a sí mismos se convirtieron de nuevo en maíz. Cuando el coyote bailó cerca de la semilla de maíz plantada, esta creció. Y continuó creciendo y alimentando a la gente para siempre.

El polen de maíz de los penachos del maíz simboliza la vida y la oración. El sendero del polen es el sendero de la belleza. El polen se utiliza para bendecir y en incontables ceremonias. Una pizca de polen de maíz en la boca nos recuerda que somos plegarias vivientes.

Los integrantes del Clan del Maíz viven en comunidad y la comprenden. Por ello, es necesario unirse al espíritu de la comunidad. La comunidad será tan fuerte como los méritos de sus integrantes individuales. Quienes manifiestan gratitud y valores agrarios tradicionales son bienvenidos con facilidad en el Clan del Maíz. Saben que debemos trabajar juntos y alimentarnos mutuamente.

MAÑANA

El nacimiento de un nuevo día empieza con el amanecer, que nos proporciona las primeras bendiciones. La luz es nueva y fresca. Nada está comprometido. La mañana ofrece una promesa de pureza y una creencia en nuestras propias capacidades. Es un momento para confiar en la existencia, un momento para reconocer y reclamar nuestros dones espirituales. Simboliza un despertar a muchos niveles.

Los integrantes del Clan de la Mañana son puros de corazón y tienen sed de vida. Los sahumerios de salvia y las oraciones al amanecer no les son ajenos. Se reúnen antes de la salida del sol, cuando comienza un nuevo día, una nueva esperanza, una nueva promesa. Una ceremonia al amanecer puede incluir una canción de bienvenida que se iniciaría al aparecer los primeros rayos del sol por el este.

Algunas ceremonias del Clan de la Mañana en fechas de importancia para el clan comienzan con una danza de mujeres pintadas de blanco. Las bailarinas llevan coloridos tocados. Son solemnes y la líder de la procesión de la danza espolvorea polen de espadaña a derecha e izquierda. Cuando el polen toca el suelo, despierta profundas energías del agua que armonizan las vibraciones de la tierra, el aire, el fuego y el agua.

Las danzas pueden extenderse hasta última hora del día. Simbolizan cambios internos y bendicen a las bailarinas y los miembros del clan con fortaleza y virtud, proporcionando a los participantes un renovado poder vivificante. Pueden curar a distancia mediante la oración y la proyección de esta energía del amanecer.

Los miembros del Clan de la Mañana se levantan antes de la salida del sol. Hay que levantarse pronto si quieres pertenecer a este clan, y seguramente, a estas alturas, ya sabrás si esto es así. Son las mujeres y los hombres del amanecer. Son felices y activos. Están abiertos a las revelaciones. Son persistentes e infatigables a lo largo del día. No sufren de ansiedad y tienen una elevada tolerancia al estrés. Te dirán que has de levantarte temprano, mientras sigue estando oscuro fuera. Benjamin Franklin dijo: «Acostarse pronto y levantarse temprano hace a un hombre santo, rico y sabio». Supuestamente también incluía a las mujeres en este aforismo. También dijo: «La madrugada tiene oro en la boca». Los integrantes del Clan de la Mañana estarían de acuerdo con estos preceptos. Tu vida se convierte en un gran grito, en un enorme «¡Buenos días!».

MARIPOSA

Las mariposas vuelan libres, pero primero debieron avanzar a rastras. La oruga come constantemente, hambrienta de vida. Muda una y otra vez, desprendiéndose de su vieja piel. Se hace más grande y se convierte en crisálida; en este estado, parece descansar, pero de hecho está trabajando de lo lindo, imaginándose y creándose a sí misma. De repente, aparece una bella criatura alada, libre para bailar sobre los vientos.

El camino de la mariposa es revolotear alegremente de flor en flor en busca de belleza, y se dice que la mariposa enseña la armonía de la migración del alma. Su especialidad es la transformación serena. Puede ofrecer claridad a tus procesos mentales. Puede ayudarte a descubrir el siguiente paso en tu vida personal o carrera profesional. El Clan de la Mariposa mantiene las leyendas de migración y las historias de la gente.

La bella mariposa, con sus asombrosos colores... Sigue a alguna si te sientes inclinado a hacerlo. No se sabe adónde te puede conducir. Algunos dicen que si lo haces con ahínco, te llevará a una gran felicidad; esto es algo que aparece en muchas historias. Un valiente joven soñó que una tía fallecida le decía que se dirigiese a cierta pradera repleta de flores y siguiese a la primera mariposa que encontrase.

Tal como le indicó el sueño, siguió a la mariposa, que estuvo revoloteando durante muchas horas, recorriendo una gran distancia, hasta que se posó en una hermosa flor. El joven ahuecó las manos y se dirigió andando lentamente hacia las alas de tijereta para caer sobre ella y capturarla. Antes de que pudiera hacerlo, la mariposa se convirtió en una mujer de una asombrosa belleza. Desde el principio fue algo más que simple amistad y resultaba difícil saber quién había capturado a quién.

La mujer nunca perdió su belleza y él fue siempre el más guapo de todos, y claro está, vivieron felices para siempre. O al menos eso se dice.

Las mariposas recorren amplias extensiones. Su elemento es el aire, la mente, lo mental. Su danza alrededor del árbol de la vida es su don. Para escapar del frío, las mariposas monarca emigran al sur. Se congregan por millares en ciertos árboles, conocidos como árboles mariposa, a lo largo del camino. Tal vez sin saberlo te encuentres en una ruta migratoria en busca de refugio. A veces es un viaje largo y difícil que finaliza en una magnificencia absoluta.

Las mariposas son grandes guerreras vinculadas al sol y a su luz —revoloteando y a gran velocidad— y resulta imposible adivinar lo que harán. Te interpelan sobre tu inminente transformación. Son seres místicos que pueden transformar tu vida mediante súbitas revelaciones. ¿En quién te vas convirtiendo con el paso de las estaciones de la vida?

El Clan de la Mariposa te instruye para que continúes adelante y cambies. Te enseña la naturaleza cíclica de la vida y cómo gestionar con éxito los cambios y hallar contento en las vueltas que da la rueda de la vida. Este clan está impulsado por una luz y un coraje interiores.

La gente del Clan de la Mariposa siempre está evolucionando, buscando cambiar, y cambian mediante su esfuerzo continuado. Permite que su energía y su espíritu te rodeen. Te descubrirás viviendo una hermosa vida llena de color.

MARTÍN PESCADOR

Los martines pescadores son unos pájaros de tamaño medio de brillantes colores, de patas cortas y picos como dagas en forma de arpón. El martín pescador no canta pero silba. A pesar de su nombre, no todos ellos comen pescado. Los que lo hacen se alimentan de alrededor de una docena de pececillos al día, junto con toda una variedad de insectos acuáticos, y si tienes un estanque, probablemente darán buena cuenta de tus peces de colores.

Los martines pescadores son un símbolo de agua pura, al ser el agua su principal elemento. Se dice que podrían alisar la superficie de un mar en ebullición. Indican un período de preocupaciones intelectuales y espirituales.

Los martines pescadores te ayudarán a soltar temas emocionales problemáticos repetitivos y te animarán a perdonarte a ti mismo de tus fracasos pasados. Se aseguran de que el amor no tarde en aparecer, desplegándose bellamente y de maneras sorprendentes.

Los integrantes del Clan del Martín Pescador son gente notablemente bella. Su color es el azul celeste. Normalmente viven cerca del agua y son felices en sus matrimonios o relaciones. Si resulta que están solteros, se sienten contentos con ello. Junto con una piel luminosa, ropa atractiva y modales encantadores, son conversadores brillantes. No toleran la tosquedad ni el lenguaje impropio. Tienen una calma contagiosa y nunca pierden la ecuanimidad. Gozan de paz interior y viven una vida refinada de abundancia y prosperidad. También tienen suerte y siempre atraen la buena fortuna.

El Clan del Martín Pescador te enseñará a derrotar la negatividad y vivir una vida de serenidad. Esos pescadores de conocimiento señalan un camino hacia la gracia y la belleza. Si este clan es tu punto de destino, te apartarás del *statu quo* y hallarás la unidad espiritual. Las enseñanzas del martín pescador están llenas de santidad y tradición.

Pero no te confundas. El martín pescador es un pájaro medicinal. Hay cientos de historias sobre cómo conducían a los enfermos a lagos, torrentes o manantiales para sumergirlos en el agua. Ese acto limpiaría heridas infectadas y curaría todo tipo de enfermedades. Pídele al martín pescador que te lleve a las aguas del espíritu y a las aguas medicinales, las aguas revitalizadoras que generan una vida intensa y bienestar.

El Clan del Martín Pescador ofrece un faro de luz en épocas de oscuridad. Sus miembros son activos y siempre están metidos en algún tipo de proyecto.

Tanto si se trata de recaudar dinero para deportistas como de embellecer un barrio, siempre están ocupados.

También ofrecen las mejores técnicas para ayudarte con problemas de vidas pasadas, sobre todo de karma de vidas pasadas en las que pudieras haber cometido abusos de poder o una vida en la que te unieses a oscuras fuerzas ocultas inclinadas a perjudicar a otros. Conocen ceremonias que reducirán o erradicarán por completo el mal karma y te ayudarán a lograr una limpieza interior y a disfrutar de estar en este clan.

NIEVE

La nieve cubrió antaño gran parte del mundo en un momento u otro. Cubre con su manto la tierra en invierno, y refleja hacia el cielo la mayor parte de la energía solar, que es muy importante para nuestro sistema climático. Cuando se derrite, ayuda a llenar lagos, ríos y embalses. La nieve puede parecer algo normal, pero en realidad es un milagro que cae del cielo.

Se considera que un copo de nieve es un espíritu que llega para descansar en la Tierra. Cada copo de nieve es único, igual que todas las criaturas son únicas. Cada copo cae lentamente desde las alturas y habla en su dulce y angelical voz de silencio: el canto de belleza de un largo invierno. El copo de nieve tiene fe y sabe que debe soltar y fundirse en una nueva experiencia.

De la misma manera, el Clan de la Nieve enseña a soltar en el gran silencio en el que no hay «yo». Para ellos, el «yo» es una ilusión que desaparece gota a gota. Nos fundimos pronto en la unicidad. «Mírame y recuerda —susurra la nieve—. Suelta y no te aferres a nada». Los miembros del Clan de la Nieve son muy inteligentes y capaces de fluir a través de los cambios. Son tolerantes y acríticos. Su inclinación espiritual es mágica.

En un antiguo relato se dice que ancestralmente la Tierra era terrible e insoportablemente caliente. Había seres agotados y achicharrados allí donde mirases. El jefe levantó los brazos hacia el cielo llameante. Rezó pidiendo un milagro que salvase a su pueblo. Mientras rezaba de repente aparecieron miles de enormes pájaros blancos, que volaban siguiendo unos patrones desconocidos, una y otra vez por encima de la reunión. Volaban frenéticos. El espectáculo vertiginoso resultaba abrumador pero dio un respiro lleno de frescura en aquel calor agotador.

Mientras el jefe seguía rezando, los pájaros se alejaron hacia el norte. El cielo se fue tornando gris. Empezó a soplar un viento frío. Por primera vez en la historia comenzó a caer una tormenta de nieve. Todos estaban muy contentos y se frotaban entre sí con esa extraña sustancia. La nieve siguió cayendo, aportando belleza, y todos comprendieron que era un regalo de los espíritus, por lo que se sintieron todavía más agradecidos. A partir de esa gente feliz se formó un clan nuevo, el Clan de la Nieve.

En un solo copo de nieve mora el espíritu del invierno, una época del año en la que hay que permanecer caliente y avanzar con cuidado, una época del año en la que considerar la sabiduría de los ancianos, una época en la que utilizar el intelecto para solventar problemas. Es una época para acabar proyectos, para organizar, buen momento para separarse de las ideas y comportamientos autolimitadores. El invierno es una época en la que hay que encontrar calidez, claridad de visión, en pocas palabras, el conocimiento guardado por el Clan de la Nieve.

Con la nieve llega un regalo, una pureza en el aire, una sensación de calma. Escuchamos el silencio, la voz de la Creación. Conocemos la quietud y la magia. El invierno es verdaderamente un preciado regalo. Comparte esta época milagrosa con los demás, con la ayuda de tu mente y tu corazón. Los espíritus de la estación te conducirán al cálido y acogedor Clan de la Nieve.

NUBE

No existe una definición clara para la palabra *nube*. Los diccionarios la definen como vapor, humo, polvo, mancha, masa visible, opacidad, enjambre, multitud, una colección de partículas, etc. El término *nube* se utiliza en muchos contextos. Puede ser una nube de insectos, una nube de pájaros... Ahora incluso almacenamos nuestros archivos informáticos en la «nube».

Las nubes se sitúan entre la Tierra y el mundo superior. Las nubes de tormenta traen lluvia y por tanto fertilidad y crecimiento. En este sentido, las nubes benefician a toda la humanidad. Nos conectan con el espíritu. Las nubes son cielo, no están separadas, formándose y reformándose. Son la antigua pantalla de cine de la Tierra: revelan la forma de las cosas pasadas y de las que están por llegar.

Las nubes rojas, las nubes azules y grises, las nubes por encima del horizonte o las nubes bajas; las nubes de todo tipo y forma, oscuras y blancas, en movimiento, resplandecientes; las nubes de ensueño, nubes cambiantes, combinadas, transfiguradas, de tormenta..., todas están moviéndose y cambiando constantemente.

Los integrantes del Clan de la Nube también se hallan en un estado de cambio constante. Viven en el momento. Nos enseñan acerca de la impermanencia de todas las cosas, sobre la ilusión. Están conectados con el más allá y con la gente nube que habita los cielos. A menudo se los asocia con la lluvia y los ciclos lluviosos, así como con las relaciones armoniosas con los animales. Los miembros del Clan de la Nube poseen una belleza obsesionante, especialmente las mujeres del clan, oscura, extraña, trascendental.

Dicen que una mujer se casó con una nube. Trepó al cielo y descansó en una cómoda y algodonosa nube y se durmió. Un hombre, parte nube y parte humano, se ofreció a casarse con ella. Aceptó y ambos vivieron en un esplendor celeste durante cuatro años, hasta que un día ella le dijo a su marido que debía regresar con su gente. Antes de dejarlo para descender a la Tierra, él le mostró cómo esculpir nubes y crear animalitos y otros seres vivos y darles forma. Le enseñó que podía manifestar sus sueños con facilidad.

Observa las nubes pero déjalas que continúen su camino. Querer atrapar una nube es perseguir un espejismo. Desaparecen, fluctuando en una aleatoriedad rorschachiana.[*] Hay gente que a veces observa imágenes de nubes cargadas de significado en momentos en que la niebla todo lo nubla..., petroglifos evanescentes de una mente convertida en cámara oscura, apagada y desalentadora.

Ser una persona del Clan de la Nube significa permanecer atento y tener la mente clara.

---

[*] El autor hace referencia al método de psicodiagnóstico creado por Herrman Rorschach que consiste en una serie de diez láminas que presentan manchas de tinta. El terapeuta pide al sujeto que diga qué ve en las manchas, como cuando uno identifica imágenes en las nubes o en las brasas.

Puedes experimentar incertidumbre. Puedes sufrir por causa de alguna creencia irreal. Permite que tu mente deambule sin rumbo. Sigue las ondulantes nubes de suero de leche. Nosotros mismos somos nubes y sombras en continua transformación: cambiando, siempre cambiando, imposibles de agarrar. Las nubes son la enseñanza de los místicos: la disolución de los egos que da paso a la eternidad. Y así es la gente del Clan de la Nube.

NUTRIA

Las nutrias son mamíferos más bien pequeños que proyectan una gran presencia. Cuentan con dos capas de pelo espeso, el más denso del reino animal. A causa de ese pelo tan cotizado, varias especies de nutria están en peligro de extinción. Son inteligentes, brillantes en ocasiones. Las nutrias son criaturas encantadoras con una energía efervescente. Son juguetonas y divertidas, vivarachas y adorables. A menos que se trate de enemigos absolutos, se mezclan bien con otros animales.

Muchos pueblos indígenas consideran un lujo la piel de nutria. Se cree que posee energía acuática y se utiliza en ceremonias. A menudo se usa para confeccionar bolsitas para portar objetos sagrados. El espíritu de la nutria suele invocarse en los rituales de curación.

El Clan de la Nutria es un clan femenino. Sus miembros cuentan con el poder de lo femenino. Lo femenino es ilimitado. Te ayudará a encontrar y vivir la vida que más te convenga. Invoca el poder de la nutria para ayudarte a reír, para ayudarte a ver el humor en casi todas las situaciones. Pregúntate cuándo olvidaste cómo divertirte.

Trata de descubrir al niño interior que empezó a tomarse la vida demasiado en serio, el que quería jugar pero que se cerró en un entorno exigente. Encuentra a ese niño en tu interior y dale caramelos, chicles o juguetes, lo que le haga feliz. Intenta encontrar y compartir con él alegrías sencillas. Diviértete los fines de semana. Si le devuelves esa alegría a tu niño interior, ese aspecto del ser, atraerá más de lo mismo.

Los miembros del Clan de la Nutria son cordiales y dedicados entre sí. Fluyen en la libertad del amor. No se sirven de artimañas, te atraen naturalmente con sus numerosos encantos. Hay algo especial en su sonrisa, cierta chispa en su mirada. Les encanta bromear y jugar con cualquier idea seria, aunque no de manera ofensiva. Te invitan a soltar tus inhibiciones, a darte un revolcón en el lado salvaje y a reírte de ti mismo por haberte alejado tanto de tu estado natural. Te recuerdan que los placeres sencillos están en todas partes... siempre que abras tu mente y los alcances.

Los miembros del Clan de la Nutria son curiosos y creativos. Enseñan a no tener prejuicios, a abrirse y la dinámica del compartir. Los niños ocupan un lugar especial en su corazón. Son empáticos. Son psíquicos. Son amables. Esa es la energía en el núcleo del Clan de la Nutria.

Para descubrir este clan, busca mujeres equilibradas, que sean alegres e inquisitivas pero no de manera amenazadora. Las nutrias nunca son malvadas. Para ellas, la vida es una mezcla de diversión y juegos. Son felices y puedes trasladarte a ese lugar con ellas. Están en el fluir de la vida. Te escoltarán a su mundo mágico de satisfacción personal, alegría y asombro. De hecho, puedes despertarte y darte cuenta de repente de que estás en el centro del acogedor Clan de la Nutria.

OSO

La mayoría de los osos son enormes e inteligentes. Muchos son omnívoros y comen carne, pescado, plantas e insectos y se les da bien buscar comida, aunque los pandas solo comen bambú. Los osos negros y pardos son formidables, peludos y cuentan con patas fuertes y un morro alargado. Son muy activos. A los osos les gusta nadar, trepar a los árboles y recorrer terreno montañoso. En invierno hibernan.

Los osos están armados con garras afiladas y retráctiles. Son increíblemente rápidos atrapando peces, sobre todo salmones. Tienen una enorme fuerza y pueden repeler los ataques más peligrosos. Los osos son criaturas claramente visibles y es probable que no los pases por alto si se encuentran en las inmediaciones. Son rápidos a la hora de asaltar colmenas y por la miel se arriesgan a ser picados. A veces han entrado en casas para robar alimentos de las despensas.

A la mayoría de los osos, aunque no a todos, les asustan los seres humanos y se ocultan de ellos, pero pueden ser agresivos y lo mejor es evitarlos. El oso pardo es audaz y te atacará aunque vayas a caballo. Solo el más valiente de los cazadores se atrevería a enfrentarse a un oso gris en combate cuerpo a cuerpo. En esos casos tanto puede ganar uno como otro. A menudo ha ganado el oso. Si el cazador sale vencedor, se convierte en una figura legendaria cuya fama se extiende por todas partes.

Los miembros del Clan del Oso poseen fortaleza, integridad y energía. Los osos son los guardianes del oeste en la rueda de la medicina, la dirección que simboliza el otoño, la oscuridad e introspección. El oeste es el lugar que mira al interior. Estos animales hibernan y conocen los territorios interiores, entre los que se incluyen los sueños y los estados visionarios.

Los osos tienen muchos poderes. Tienen poder guerrero y el oso luchador cuenta con la fuerza y el peso necesarios para aniquilar demonios, incluso los demonios interiores. Están cerca del mundo de los espíritus; a menudo comulgan con él mientras realizan sus tareas cotidianas. Hay osos medicinales con poderes curativos, osos chamanes y doctores místicos que conocen las raíces y hierbas medicinales. Hay osos rastreadores que saben leer las señales de la naturaleza. Con el rastreo llega la sabiduría y el poder de predecir el comportamiento de otros. Rastrean en la confluencia de posibilidades discordantes. Rastrean en la conciencia de la propia identidad. Y, finalmente, están las mamás osas. Son las proveedoras absolutas, protectoras y guías, y crían a sus oseznos con benevolencia.

Para encontrar al Clan del Oso, busca la Osa Menor y la Osa Mayor en el firmamento nocturno, y en el extremo de la cola de esa constelación hallarás la estrella polar, que te marcará la dirección. Tu alma y tus sueños te orientarán, sin duda. Cuando te hayas orientado, gira a la izquierda, dirígete al oeste y descubrirás al Clan del

Oso. Te convertirás en un experto en las enseñanzas de los osos, te expandirás y te convertirás en un todoterreno en temas espirituales. La gente del Clan del Oso es soñadora y visionaria. Los sueños y las visiones son la mejor manera de acceder a este poderoso clan.

PATO

Los patos son aves acuáticas de la misma familia que los gansos y los cisnes. Su plumaje es impermeable y viven tanto en agua dulce como salada. Son versátiles a la hora de seleccionar un entorno vital y se sienten felices en cualquier sitio donde haya agua dulce. A los patos les encantan las marismas, los lagos, los ríos, los estanques y otros espacios acuáticos.

Los patos silvestres simbolizan la fuerza vital y se encuentran cómodos tanto en el agua como volando. Son aves migratorias. Presagian buenas noticias. Los patos, en especial sus huevos, simbolizan la sensibilidad, la clemencia y también la fidelidad. Sus plumas simbolizan la fertilidad y los matrimonios felices, y se utilizan en las ceremonias acuáticas. Los patos son guardianes leales de las mujeres embarazadas.

Los miembros del Clan del Pato son maestros en muchas dimensiones. Están en su elemento tanto en la tierra como en el agua o en el cielo. Pueden caminar, volar o nadar e incluso bucear y pasar bastante tiempo bajo el agua. Quienes pertenecen a este clan te engañarán para apartarte de aquello que aprecian y quieren proteger. Son felices y están orientados hacia la comunidad. Son atractivos y visten bien. Les gusta adaptarse, volar en formación. Son muy claros a la hora de expresar lo que quieren. Son hábiles y rápidos cuando se trata de aprovechar las oportunidades. Pueden ayudar fácilmente a los demás a lidiar con situaciones emocionales. Los miembros de este clan nunca se envenenan con odios ni tramando maldades. Siguen adelante y adoptan la actitud de que lo pasado, pasado está. Y no se confunden. Se sumergen en su inconsciente para hallar la respuesta adecuada a sus cuitas.

Las danzas del pato no son inusuales en la América nativa. Algunas de ellas imitan su andares . Son muchos los tipos de danzas del pato ejecutadas por diversas tribus, que tienen sus preferencias respecto al orden de los pasos. Como todas las danzas, la danza del pato tiene sus propias características.

Los seminolas de Oklahoma tienen una animada danza del pato. Los nez percé tienen una versión en la que el pato se sumerge. Se trata de una danza guerrera que es la representación de una batalla. Los chippewa, creeks, caddos y otros pueblos también tienen danzas similares. Y hay otras tribus que igualmente representan danzas del pato. La música de cada danza es única, y generalmente incluye percusión y cantos acompañados de flauta. Las danzas del pato son muy divertidas, por lo que es probable que no pasen de moda a corto plazo.

Los integrantes del Clan del Pato son sinceros. Dicen las cosas de manera directa, guste o no. Si las verdades te duelen: agáchate cuando los patos disparen. Todos sabemos que la verdad puede hacerte pensar. A mucha gente no le gusta, pero los miembros del Clan del Pato no se andan con falsedades, no podrían aunque quisieran. Están programados para decir la verdad, son directos y estables, tienen fortaleza emocional y no se dejan atrapar por el dramatismo.

Los patos se interesan por la comunidad. Conocen el valor de la franqueza, la verdad y la importancia de rodearse de gente afín. Si te sientes atraído por el Clan del Pato, dilo. Di tu verdad y no tardarás en recibir una respuesta directa y veraz.

PAVO SALVAJE

Los pavos salvajes son aves grandes y pesadas que pueden llegar a los veinte kilos. Duermen posados en ramas en lo alto de los árboles con su bandada, donde predadores, como coyotes, mapaches y zorros, no pueden alcanzarlos. Pueden volar hasta a ochenta kilómetros por hora... un ritmo ciertamente veloz. Los machos se pavonean para atraer una pareja mientras emiten sus característicos glugluteos.

Los pavos se domesticaron por primera vez en el sur de lo que ahora es México hace alrededor de dos mil años. Se los asocia con la magia del maíz y la fecundidad. Los aztecas los criaban como mascotas y con propósitos adivinatorios. Existía una profunda empatía entre el adivino y el pavo. El primero podía observar el comportamiento del segundo en busca de indicios. Además, el pavo aparecía a menudo en los sueños del adivino, donde hablaban un lenguaje común. El ave le hablaba sobre sucesos futuros y podía responder a las preguntas más desconcertantes.

La adivinación con pavos también tiene lugar en rituales formales. Los adivinos del Clan del Pavo son famosos por sus poderes proféticos. Su método consiste en soplar humo de tabaco sagrado sobre granos de maíz y avivarlo con un abanico de plumas de pavo. El adivino puede ver en el humo imágenes de sucesos venideros.

Los pavos eran considerados aves sagradas y podían hacer lo que quisiesen sin interferencias. Cuando los europeos llegaron a orillas de la Isla de la Tortuga, el pavo se había convertido en una importante fuente de alimento. También se criaba por sus plumas, que se utilizaban en rituales de sanación y ceremonias, así como en tocados y para adornar ropa y mantas.

Los miembros del Clan del Pavo son generosos, de espíritu puro, y muestran una afectuosa comprensión de las necesidades ajenas. Ayudan a los demás a alcanzar un buen equilibrio en el toma y daca de la vida, y cuentan con un elevado grado de sensibilidad hacia el mundo que los rodea. Están conectados con la tierra. Se bendicen y se cuidan unos a otros, y comparten sus dones.

Para ellos, la vida es un don y un misterio. No tienes que ser un sabio ni un santo para ser iniciado en este clan, pero no estaría de más. En cualquier caso, sus miembros son excepcionalmente devotos y espirituales y dan lo mejor de sí mismos al prestar sus servicios.

Las danzas del pavo tradicionales comienzan por la tarde y finalizan al anochecer. En algunas de esas antiguas danzas solo participan mujeres, con llamativos y coloridos vestidos e imitando los movimientos de los pavos. Los hombres tocan los tambores y cantan viejos cantos tribales. Hacia el final, los hombres se unen a la danza si los eligen las mujeres. Se celebran danzas del pavo parecidas por toda la América nativa.

Los pavos nos recuerdan que la vida es una secuencia de toma y daca y que estamos inmersos en un ciclo. Para los integrantes del Clan del Pavo, la vida es una revelación. Comparten sus dones. En última instancia, saben que todos los dones proceden del Misterio. Si te preocupas por los demás, si das sin esperar nada a cambio y estás abierto, permite que el Clan del Pavo te adopte. Pero esa gente tan afectuosa debe aprender también a darse a sí misma del mismo modo en que da a los demás.

PERRO

Hay perros por todo el mundo. Hace mucho que se los domesticó y han pasado a convertirse en mascotas. Hay perros de todos los tipos y tamaños, desde pequeños hasta enormes, de casi todos los colores y tonos, y con toda una variedad de caracteres y temperamentos. En general, los machos son más grandes que las hembras de la misma raza. No obstante, todos los perros tienen poder.

En una ocasión un hombre encontró un misterioso tipi. Entró y dentro había todo tipo de perros, pero en realidad no eran perros. Eran espíritus perros, perros fantasmas. Le pidieron al hombre que aprendiese el lenguaje secreto de los perros y se lo enseñase a otros seres humanos. Los perros le hablaron de su devoción por algunos humanos. Todos estuvieron de acuerdo en que estos animales eran los mejores compañeros.

Los integrantes del Clan del Perro son guardianes y protectores. Se trata de un clan muy grande que incluye muchos subclanes. Se siente el espíritu canino entre los miembros de este clan. Si te sientes atrapado, pídeles que te olfateen el camino o que protejan tu tiempo y tu esfuerzo. Te ayudarán a encontrar lo que buscas con solo pedírselo. Se dice que los perros pueden hablar por ti en el mundo de los espíritus y ser intermediarios que actúen en tu nombre con espíritus de ancestros.

La mayoría de los miembros del Clan del Perro se sienten más felices y vigorosos cuando pueden realizar algún servicio. Tienen muchos amigos que los consideran firmes y de confianza, que es justamente lo que son los perros. Cuando sienten que estás en dificultades, se tiran de cabeza en medio de la pelea, y luego, con su pelo encrespado, le darán un mordisco al enemigo o enemigos que pudieras tener. Atacan con entusiasmo y normalmente se imponen.

Cuando pensamos en la persistencia y la exactitud tenaces, estamos pensando en el poder de los perros, que tienen el poder de llevarte infaliblemente por tu camino. El perro insiste en que continúes moviendo la cola (siendo feliz) y permanezcas fiel a tu visión. Con el perro como tótem de tu clan asesor, tus poderes nunca flaquearán.

Claro está, en el interior del Clan del Perro hay muchas razas, y cada una posee sus características y temperamento. Muchas tienen una especialidad concreta. Por ejemplo, tal vez quieras invocar al espíritu de un galgo cuando desees acelerar tu vida mientras persigues una meta importante. Sitúa el olor de la victoria frente a ti y suelta al espíritu del galgo para que te impulse hacia el éxito.

El tenaz bulldog les propinará un buen mordisco a tus problemas y no los soltará hasta que estés libre de impedimentos. Si estás perdido, imagina cómo el morro de un pointer te señala el camino a casa.

Los miembros del Clan del Perro tienen muchas cualidades, siendo su nobleza la más característica. Los perros dan sin reservas. Cada perro tiene sus propios méritos. Pueden ser tímidos, atrevidos o agresivos. Todos son distintos. Puedes pedir su ayuda en casi cualquier situación. Los miembros del Clan del Perro son leales y no dudarán lo más mínimo en ofrecerte ayuda frente a cualquier peligro. Todos ellos dan amor incondicional.

PEZ

Los peces son criaturas vertebradas de sangre fría, sin extremidades, con agallas y aletas. El movimiento de barrido de su cola los impulsa admirablemente por el agua. Utilizan las aletas para mantener el equilibrio y como frenos para detener su impulso hacia delante.

Los peces son muy sensibles y se pasan la vida en el agua, un medio hipersensible. Los peces fueron los primeros astrónomos y astrólogos. Observaban e interpretaban lo que se reflejaba en la superficie del agua, así como el cielo y sus cambios. Conocen el sol, la luna y las estrellas, los cielos y lo más hondo de las oscuras profundidades. En el pasado, fueron respetados y considerados sagrados en todo el mundo.

Los peces conocen los secretos del agua. El agua contiene numerosos y misteriosos poderes. Los peces son silenciosos aunque no obstante conocen las canciones que canta el agua y se orientan mediante la que suena en cada momento. Con el agua como medio, nadan a través de nuestro inconsciente y juegan en las orillas de los recuerdos perdidos.

Hay muchos peces totémicos, como el viejo salmón rojo, el esturión verde, el sábalo, el cazón, el barbo, el lucio, la perca, el pez aguja, la carpa, la perca negra, el pez luna, la trucha asalmonada, la trucha de arroyo y otros muchos, incluso hay clanes de tritones y sirenas. Esos peces, por sus méritos individuales, han sido todos sellos distintivos de clanes bien establecidos en un momento u otro. Varios de esos clanes celebran danzas de peces en los momentos adecuados.

La gente del Clan del Pez cuenta con la inteligencia más elevada. Son conocidos por su tendencia a la meditación y las actividades relacionadas con la erudición. Son filósofos, jueces, profesores y, en épocas pasadas, fueron cazadores, guerreros y jefes de paz encargados de la resolución de disputas. Son líderes naturales. Son sabios ancianos que se quedan calvos y viven hasta edad muy avanzada. Los miembros del Clan del Pez tienden a ser idealistas, vates y visionarios. De algunos se dice que tienen el poder de cambiar de forma o incluso el don de la ubicuidad. Saben que sus antepasados emergieron del mar.

Si sientes que este es tu clan y eres adivino o aficionado a contemplar las estrellas, puedes llamar al pez oculto de las aguas para que te ayude a conocer a tu clan. Reza en las orillas de un río, lago o mar. Reza a los espíritus de los peces. Reza una oración para los buenos espíritus de las profundidades para que te curen y bendigan. Intenta sentir cómo su energía te reconforta y te bendice. Si estos son tus espíritus guías ancestrales, tus oraciones no tardarán en ser atendidas.

PÍCEA

Los ancianos enseñaron que las píceas sostienen el cielo y que su espíritu guarda la dirección norte. Árbol de hoja perenne y de muchas variedades, la pícea crece en los bosques del noreste de Norteamérica y puede alcanzar hasta cien metros de altura. Tienen forma cónica y las ramas crecen horizontalmente, con hojas aciculares en forma de aguja. Si hierves sus agujas obtendrás una infusión muy rica en vitamina C. Chupar la resina gomosa de una pícea calma la sed.

Antaño había un poderoso curandero llamado Puma que tenía muchas esposas e hijos. Hacía milagros. Podía transformarse en otros seres. Podía forzar la realidad en cualquier sentido que desease hacerlo. Curó a mucha gente de enfermedades terribles. Todo el mundo tenía una deuda de gratitud con él por algún maravilloso milagro que había realizado.

Puma se obsesionó con la única mujer de la aldea que no estaba interesada lo más mínimo en él. La mujer se llamaba Cervatilla. Cuanto más la deseaba, más fría e indiferente se mostraba ella. Era inmune a sus pociones de amor.

Un día, Puma decidió seguir secretamente a Cervatilla cuando esta salía de la aldea, como hacía temprano cada mañana. Aproximadamente a un kilómetro de la aldea, en una elevación, se alzaba una majestuosa pícea. La muchacha extendió una manta sobre el suelo, se sentó bajo el árbol de hoja perenne. Parecía estar meditando.

Puma la observó durante varios días. Finalmente se le acercó. Ella llevaba un hermoso vestido con un magistral trabajo de cuentas y plumas. Sus mocasines también estaban recubiertos de abalorios. Su lustroso y largo cabello oscuro estaba recogido en una trenza. Ella olía a humo, a bosques húmedos, a fragancias misteriosas..., al perfume del deseo.

Cervatilla sintió su presencia y abrió los ojos, que habían permanecido cerrados hasta entonces. Al verlo se sobresaltó.

—Vaya, no quería asustarte —dijo Puma—. No pude evitar preguntarme qué hacías bajo este árbol.

—Este árbol es mi marido —dijo Cervatilla—. Mi marido me habla cada día y me da instrucciones sobre cómo servirle. Me he comprometido y disfruto de toda la alegría y felicidad que pudiera imaginarse. Esta pícea, mi marido, me llena de amor y no puedo amar a nadie más.

—Pero ¿qué estás diciendo, mujer? El Misterio creó a las mujeres para que estuvieran con un hombre, con un hombre como yo, no con un árbol. Has de estar conmigo de la manera que nuestro creador quiso.

Cervatilla apartó su mirada de Puma.

—Márchate, por favor —dijo—. Y nunca vuelvas a molestarme cuando esté con mi marido. Nunca vuelvas a dirigirme la palabra. Yo nunca te hablaré ni tendré nada que hacer contigo.

A la mañana siguiente Puma utilizó sus poderes mágicos para cambiar de forma y entrar en el interior de la pícea. Vio llegar a Cervatilla, extender su manta y sentarse frente a él. La observó durante el día entero hasta que ella se marchó. Pero algo terrible había sucedido. Puma no podía salir del árbol, por mucho que lo intentase. Desde ese día estuvo encerrado en su interior. Ahora la pícea cuenta con los poderes del curandero.

Con el paso de los años, el curandero en el árbol intercambió votos matrimoniales con muchos miles de hermosas mujeres. Pero siempre estaba anhelante porque no podía consumar sus votos. Los hombres a veces llevaban una bola de resina de pícea con la esperanza de que las desposadas de la pícea los confundieran con sus maridos y les prodigaran sus favores. La madera de pícea posee fuerzas vitales y se utiliza como ayuda para atraer la buena suerte y bendiciones. Llevar una ramita de pícea proporciona alivio y cuenta con cualidades rejuvenecedoras.

Los integrantes del Clan de la Pícea son constantes. Los árboles y la hechicería están conectados. Pasa tiempo con una pícea. Comprométete con el Clan de la Pícea, esa gente sólida que se dice que sostiene el mundo y cuenta con poderes milagrosos. Observa bien. Escucha a tu ser más profundo. Conviértete en un hechicero pícea contemporáneo siguiendo la sabiduría intuitiva que te conduce al Clan de la Pícea.

PUERCOESPÍN

El puercoespín es el tercer roedor más grande, y se encuentra presente en muchos lugares del mundo. Alcanza los veinticinco años de vida o incluso más. Su cuerpo está recubierto de púas afiladas y punzantes. Esas púas llegan a ser miles y lo protegen de los predadores. Las púas van hacia atrás desde la cabeza y se convierten en un amasijo desordenado en la parte posterior. Se trata de un dispositivo de defensa imponente.

Los puercoespines son sobre todo famosos por su capacidad para ensartar a un adversario. Esas barbas o púas están dispuestas de tal manera que salen del cuerpo del puercoespín y se alojan con facilidad bajo la piel de una víctima. La púa, una especie de cabello modificado, se hundirá cada vez más con cada movimiento que haga la víctima. Las púas de puercoespín pueden llegar a ser letales.

Los miembros del Clan del Puercoespín hacen gala de una confianza y una sinceridad despreocupadas. Son gente nocturna. Cuando el sol se oculta bajo el horizonte, ellos salen de sus casas. Son como niños felices: entusiastas, idealistas y honestos. Su lógica es potente porque son capaces de reducir las complicaciones a sus componentes más simples. Como suele decirse, te lo cuentan tal como es. Dicen las verdades y las van soltando por donde pasan, provocando a menudo un torbellino a su alrededor.

Los miembros del Clan del Puercoespín no molestan a nadie porque nadie se atreve a molestarlos. Son los inocentes que no esperan recompensas. Precisamente esa inocencia les dota de claridad de visión y poderes proféticos. Muy a menudo son adivinos consumados. No se han separado de su verdad básica. Confían en los espíritus que los animan. No tienen miedo y no piensan en las consecuencias de sus acciones. Son gente pacíficamente independiente y aparentemente nunca crecen. Están siempre contentos y felices.

Contar con la esencia espiritual del puercoespín en tu vida te proporcionará sensación de bienestar y te hará más feliz. No tendrás miedo y serás enormemente creativo. El camino del puercoespín es un proceso de espíritus confiados. Al irte acercando a tu objetivo, te darás cuenta del poder y la protección que te rodean. Confía en el karma. Solo tienes que saber que cualquiera que intente perjudicarte acabará ensartado.

Traslada tu atención al más allá, a las conexiones de tu vida anterior y de las vidas que te han definido. Recuerda. Construye sobre tu identidad interna. Regresa a tu auténtico ser de puercoespín. Puede que sea viejo y vaya doblado, pero también es tan alegre como un niño pequeño disfrutando en un castillo hinchable. Esa experiencia te estará vedada hasta que conozcas a un miembro del Clan del Puercoespín. Vivir en paz y felizmente es la mejor recompensa.

PUMA

El puma, también conocido como león de montaña o león americano, es un gran felino, el más grande de Norteamérica. La hembra es aproximadamente un tercio más pequeña que el macho, pero puede ser igual de feroz. Sus ojos parecen de cuarzo, con pupilas verticales. Cuando esos ojos se te clavan, te das cuenta de que estás en presencia de un ser imponente. Sabes que tienes que salir corriendo.

Los pumas buscan alimento en solitario. Son territoriales y maestros en el arte del acecho. Les gusta matar y comer mamíferos, cuanto más grandes mejor. Son cazadores nocturnos independientes y solitarios en busca de presas. Por lo general la encuentran: alces, ciervos y de vez en cuando ganado doméstico. También comen animales de menor tamaño, como mapaches, ratones, ardillas y conejos. Pueden llegar a pesar hasta cien kilos, pero son ágiles y fuertes, y son capaces de saltar una gran distancia. Son cazadores formidables y a menudo tienen ciervo en el menú. Cuentan con una visión excelente y captan muchos detalles de un vistazo.

Los pumas bailan con el sol, el corazón palpitante de nuestro sistema planetario. Incluso en lo más cerrado de la noche, el puma siente el sol al otro lado del mundo. Su color dorado denota su conexión con él.

Los integrantes del Clan del Puma no hablan mucho. Transpiran poder personal y protegen sus intereses, pero son silenciosamente carismáticos. Son valientes, dominantes y prudentes, y también generosos y cariñosos. Están centrados en su corazón. Son una fuerza potente. Son uno con su propósito y les molestan enormemente las interrupciones en su concentración.

Los miembros de este clan siempre tienen el control y lo saben. Las mujeres puma pueden percibir las verdaderas intenciones de los hombres. No se andan con tonterías. Piden honradez y justicia. También dominan la energía. Saben cómo conservarla y, de ser necesario, utilizarla. Pueden atacar con consecuencias terribles y explotar con ferocidad, pero la mayor parte del tiempo, a menos que se sientan amenazados, se lo toman con tranquilidad. Los pumas han alcanzado posiciones de autoridad. Están al mando. Se hacen responsables de todo aquel que está a su cargo. Buscan soluciones constructivas a los problemas. Son contundentes y toman sus decisiones basándose en las necesidades de todos los implicados. Son magnánimos en sus elogios y nunca se dan golpes de pecho ni buscan gloria con sus acciones. Y si lo hacen, es por su organización o grupo.

Si cuentas con una visión privilegiada desde la cima de una gran montaña, puedes estar seguro de que se trata de tu vocación, de tu clan. Si crees que puedes manejarlo, llama a alguien que pertenezca a algún Clan del Puma para que te lleve a bordo. Si prefieres seguir a un líder, no hay mejor líder al que seguir que a un miembro del Clan del Puma.

RANA

Las ranas son anfibios y viven tanto en tierra como en agua. No beben agua sino que la absorben a través de la piel. Tienen los ojos en la parte superior de la cabeza. Sus patas traseras o ancas son fuertes y pueden saltar una buena distancia.

Las ranas son las mejores guías a través de los cambios drásticos. Son escurridizas y pueden brincar inmediatamente alejándose del peligro. Una rana puede alejarse rápidamente de cualquier amenaza. No está mal contar con una medicina escurridiza. Si te acercas demasiado, la rana salta al agua.

El croar de las ranas llena el aire nocturno de romanticismo, pues sus cantos son llamadas de apareamiento. Su croar también invoca a la lluvia revitalizadora. La serenata de una rana puede provocar inundaciones o quizás algo igualmente malo: sequía. Una rana es una paradoja por su naturaleza dualista agua/tierra. Cuando la población de ranas es feliz, reina la abundancia.

Las ranas son un símbolo de amor y prosperidad en muchas culturas. También pueden ejercer la magia y leer la mente: cuidado con lo que pienses cuando estés con gente del Clan de la Rana. Se las considera símbolos de resurrección. Si crees que puedes manejar estos enigmáticos y contradictorios poderes, sin duda el Clan de la Rana será el tuyo. Se sumergen profundamente en los misterios de la vida, y su clan es un depósito de conocimientos antiguos. Con las capacidades de la rana podemos curarnos a nosotros mismos y a otros y limpiar de paso el entorno.

Los miembros del Clan de la Rana pueden llegar a tener mala reputación y a menudo se dice de ellos que son magos negros, brujas o hechiceros. Son famosos por sus pociones, polvos y otros brebajes psicotrópicos. Por un precio, lanzarán hechizos y conjuros por encargo. Los miembros de este clan pueden ayudar a concebir a mujeres estériles y realizar además muchos otros prodigios utilizando sus poderes de hechicería. La piel de rana cuenta con mucho potencial mágico. Atrapa cualidades sonoras esquivas y puede captar vibraciones de variadas frecuencias emocionales. Hay chamanes en todas partes que utilizan ranas y medicinas de rana para combatir el estrés y el trauma.

A los miembros de este clan se los relaciona con el agua ceremonial, el agua procedente de distintos manantiales imbuida con diferentes energías y utilizada con propósitos específicos. Rezan para que llueva e invierten sus mejores intenciones en ello. Experimentan las aguas profundas de la emoción. Son famosos portadores de medicina para limpiar el mundo de toxicidad, una tarea que cada vez se complica más con el aumento de los riesgos de los desechos industriales y otros igualmente letales. Pueden hacerlo porque son expertos en venenos.

¿Te deprimes por los tiempos en que vivimos? ¿Te horroriza la degradación medioambiental? ¿Lloras observando la destrucción de ecosistemas? ¿Estás cansado de respirar ese aire, que es como una sopa de guisantes tóxica, y de beber agua tratada químicamente? ¿Sientes necesidad de una purificación emocional? Tal vez estés sintiendo la llamada del Clan de la Rana para apoyarte en este proceso. No hay mejor clan para ayudarte a remontar el ánimo. Únete a él si sientes la llamada. Lo encontrarás siempre al borde del agua.

RATÓN

Los ratones son unas criaturitas muy graciosas dotadas de una cola larga, un morro alargado, grandes orejas desproporcionadas para su tamaño y unos ojos negros pequeños y brillantes. En su mayoría, se dedican a lo suyo de manera silente e invisible. Son muy adaptables y pueden sobrevivir en muchos y variados hábitats. Tienen hábitos fastidiosos. Los ratones nos enseñan lo importantes que son los pequeños detalles en la vida. Un desorden que pudiera fácilmente ser pasado por alto, a un ratón le podría parecer muy llamativo. Un ratón observa los defectos allá adonde va; además, siempre descubre nuevas imperfecciones. La gente del Clan del Ratón es intensa.

Por otra parte, el ratón nos enseña a apreciar todas las experiencias de nuestra vida cotidiana. Nos habla de saborear cada paso del viaje..., manteniéndonos alerta por si aparecen gatos. Cada día es un regalo milagroso. Hazlo lo mejor que puedas y concédele toda tu atención. Ciertamente la vida es un paseo por un jardín sagrado, y cada momento constituye una oportunidad única para quedarse absorto con todo el ser.

Aunque los miembros del Clan del Ratón son algo tímidos, también son diligentes, entrañables, atentos y están deseosos de complacer. A la hora de la verdad, saltarán. Les encantan las reuniones, los bailes, los encuentros de oración y los círculos de tambores. Son curiosos, resilientes y pacientes. Son adaptables. Los ratones te aconsejan que abras los ojos, que mires con atención tu entorno, y busques el sentido de lo que aparezca en tu camino. Presta atención. Usa todos tus sentidos. Pon a tu Sherlock Holmes interior a trabajar. Examina muy de cerca todo y busca significados y posibilidades que se pueden pasar por alto en circunstancias cotidianas. Sigue las pistas para comprobar si te conducen a algún *queso* espiritual.

Hay varias ceremonias de sanación en las que se invoca al principal espíritu de los ratones. El chamán utiliza el espíritu del ratón para descubrir factores importantes que se han pasado por alto respecto al paciente. Nada puede escapar a la atención del ratón, que a menudo sugiere la cura perfecta o el remedio indicado.

Los miembros del Clan del Ratón lidian con las pequeñas y obligadas cuestiones de importantes consecuencias, como mantener registros y pagar impuestos. Su mensaje es limpiar, arreglar y mantener el orden y las cuentas cuadradas. Si toda esta tarea te va, si disfrutas con ella y crees que el resto ya cuidará de sí mismo, deberías contarte entre esta gente de vocación servicial como miembro de su clan.

Un mensaje muy claro del Clan del Ratón es que chilles cuando no te guste algo y que te preocupes siempre de las cosas pequeñas.

RENACUAJO

Los renacuajos pasan la etapa larval en el agua. Cerca de la orilla pueden observarse masas de sustancias transparentes, viscosas y gelatinosas punteadas con pequeñas motas negras. Cada una de esas motas negras es el huevo de una rana. Poco a poco, el renacuajo va adquiriendo la fuerza suficiente como para salir del huevo. A partir de ahí, los renacuajos se ven abocados a las peligrosas aguas de sus comienzos, y les costará entre seis y nueve semanas transformarse en una rana completa.

Los renacuajos son subacuáticos, símbolos de la iniciación y aparición en la vida y sus procesos. Tienen un vínculo con toda la vida. Al igual que el agua, son humildes. El agua es su hogar y por lo tanto son emotivos. Tal y como se dice, lloran por cualquier cosa. Al igual que el agua golpea la orilla, ellos están aquí para recordarnos constantemente los inicios y las promesas de la vida. Siempre estimulan la purificación y la renovación. El Clan del Renacuajo celebra la vida y la pureza de espíritu. Te sugiere que no te limites a meter el pie en el agua, sino que te zambullas.

Existen muchas historias de renacuajos que adoptan una forma humana. Se convierten en amantes, soldados, fabricantes de velas…, en cualquier persona que deseen, a fin de participar en el drama de la vida humana. En uno de esos relatos un renacuajo se transformó en un joven que quedó prendado de una hermosa muchacha, a la que pretendían todos los hombres que le echaban la vista encima. El joven recién llegado creyó que no tenía ninguna oportunidad con ella, pero en cuanto la muchacha lo vio, fue un flechazo. Pasaron una noche maravillosa juntos, abrazándose y confortándose. Fue honesto y le contó que en realidad era un renacuajo de visita en el mundo humano. Le dijo que tenía que ser valiente y hacer frente a la vida en sus propios términos. Le prometió que nunca la olvidaría y que su espíritu siempre estaría cerca de ella. Cuando la muchacha despertó a la mañana siguiente, el guapo joven había desaparecido, pero ella había conocido el verdadero amor.

Los miembros del Clan del Renacuajo inspiran constantemente a las personas a confiar en su propia visión y a estar a la altura de sus más elevados ideales. Son receptivos, introspectivos y sensibles. Alientan el desarrollo físico, mental y espiritual. Están cerca del origen de la vida, el agua. Este es su elemento. Su clan personifica las aguas de transformación con mensajes de sabiduría, iluminación y en conexión con el mundo elemental. Tienen una tarea que cumplir y no se preocupan del futuro.

Los integrantes del Clan del Renacuajo son guardianes del cambio y en esta época tan difícil debemos cambiar. Pero no nos preocupemos, las enseñanzas de los renacuajos aportan confianza y seguridad en uno mismo. Estamos dando los primeros pasos ceremoniales antes de dar el gran paso y llevar a cabo un cambio de forma y consciencia. El agua es la base de toda vida. Es el primer espejo. En la preciada agua todas las cosas se purifican. Es un soltar lo viejo y recibir lo nuevo. Nos arrastramos hasta las orillas de un gran océano para reconocer el siguiente paso de nuestra evolución.

Cuando sientas que estás a punto de abrirte, tal vez se trate de la llamada del Clan del Renacuajo que te invita a atravesar la membrana que separa las distintas dimensiones. El renacuajo es el espíritu del desarrollo y el cambio. Tus almas gemelas están cerca. Eso hacia lo que nadas está a su vez nadando hacia ti en el mar del misterio. El Clan del Renacuajo enseña un poder beneficioso que emana del interior. Una vez aprendido se te despeja el camino hacia tu clan.

ROBLE

Los robles, que son longevos, sabios, expansivos y árboles de sombra, necesitan mucho espacio. Varían de tamaño, dependiendo del clima y el suelo, pero pueden alcanzar una altura superior a los veinte metros, y su ramas se extienden más de treinta. Eso requiere de un tremendo poder y fortaleza, y a causa de su enorme tamaño, los robles necesitan mucha agua: casi doscientos litros al día o más.

El roble es el más majestuoso y honrado de los árboles. Un roble es un árbol jefe, un símbolo de resistencia, coraje y fuerza. Proporciona un dosel acogedor a los buscadores espirituales. Alrededor de este árbol tienen lugar grandes reuniones. Los antiguos lo llamaron el árbol oráculo. Y es cierto que en la recia base de este árbol maestro, un lugar de súbitos hallazgos espirituales, han tenido lugar visiones proféticas.

Los miembros del Clan del Roble viven mucho y se dice que tienen una gran capacidad de resiliencia. También cuentan con paciencia y su espíritu triunfa sobre todos los obstáculos. Su porte es noble. Están conectados con muchos mundos internos y externos. El Clan del Roble es un clan vivificante. Entre dos viejos robles existe una entrada a lugares etéreos, a lugares de poder y potencial ilimitado. Los miembros de este clan han pasado por este umbral. A menudo celebran sus reuniones bajo las frondosas ramas de este árbol inmenso.

Algunas enseñanzas del Clan del Roble conciernen a la longevidad, la energía, la protección, la buena salud, la liberación, la sabiduría y la constancia. No hay más que pensar en el potencial de una pequeña bellota. La bellota simboliza el renacimiento, la reaparición en la vida y la sustancia, la prosperidad y la generosidad. Las bellotas son el fruto del roble. La producción comienza entre los veinte y los cincuenta años de edad.

Los miembros del Clan del Roble son tenaces como la hoja de roble, que se agarra al árbol a lo largo del invierno. Los brotes nuevos empujan a las hojas viejas de las ramas, una enseñanza acerca de continuar creciendo continuamente para así soltar los viejos hábitos.

Estas personas son fuertes, con una alta esperanza de vida. El roble está asociado con Júpiter, el portador de fortuna en la astrología occidental. Los miembros del Clan del Roble son igualmente generosos. Son filósofos, teólogos, trabajadores sociales capacitados, jueces... Se dediquen a lo que se dediquen, siempre son personas que manifiestan la sabiduría y la estabilidad del roble.

Permite que el roble te reconecte con la fuerza de tu alma, con tu primer ser, con tu ser original, y confía por completo en el ser. Enraízate como el roble. Sé como un árbol florido. Lleva contigo una hoja de roble o una bellota como amuleto de la suerte o simplemente para absorber la energía condensada de este árbol. Si tu clan resulta ser este, abre la puerta del roble y entra.

SALVIA

La salvia es una planta aromática perenne tipo arbusto. Pueden encontrarse variedades de ella por todo el mundo. Salvia candente en una concha de abalón, una cacerola pequeña, un cuenco o cualquier otro contenedor es un bálsamo para el espíritu de los espíritus. El humo de salvia calma y te libera de vibraciones y sensaciones negativas, así como de apegos malsanos.

Se quema salvia en muchas ceremonias tradicionales y suele guardarse con objetos de poder sagrados como pipas o hatillos de medicinas. También se confeccionan brazaletes, ajorcas o collares que se llevan durante ceremonias u otras observancias espirituales.

Los miembros del Clan de la Salvia recorren el camino medicinal, conectan con buenos espíritus y mejoran el bienestar de los demás. Son, como el nombre sugiere, salvadores, profundamente sabios. Están relacionados con la planta, y sus antiguas enseñanzas provienen de su uso. El Clan de la Salvia posee energías purificadoras.

Se cuenta una historia sobre una mujer cuyo esposo fue llevado a una estrella por seres estelares. Se marchó contento, tras asegurarle a su esposa que se dirigía a un mundo mejor. El hombre entró en un extraño disco plateado seguido por varios seres estelares. El disco salió disparado hacia arriba, convertido en un fuego encendido. El extraño aparato desapareció en el cielo nocturno dejando tras de sí únicamente la luz de la luna y un vasto panorama tachonado de estrellas titilantes.

La hermosa mujer sollozó y cayó al suelo. Fluyeron sus lágrimas, sin poder contenerlas. Descansó sobre el pasto de los búfalos durante largo tiempo, rodando sobre la espalda para mirar una vez más el cielo nocturno repleto de estrellas. Horas más tarde cayó dormida y tuvo un sueño inusual.

En el sueño estaba sentada junto a una hoguera en el interior de una cueva. La luz de la hoguera bañaba las paredes de un trémulo color carmesí. Al otro lado de la hoguera había una anciana mujer de aspecto temible y cabello blanco desordenado: una bruja.

—¿Por qué estás aquí? —preguntó la vieja bruja con voz chirriante.

—A mi esposo se lo llevaron unos seres estelares a una estrella. Si continúa esta separación, acabaré muriendo. Me siento muy sola. Siento que debería matarme.

La bruja enrojeció de rabia.

—Niña tonta, la vida es un gran logro y no hay que descartarla por un capricho. No permitiré que lo hagas. Esto es lo que debes hacer si quieres dejar de sentir pena de ti misma y ayudar a la gente. Pero primero debes aceptar hacerlo. ¿Lo has entendido?

La mujer asintió y la bruja la instruyó.

La mujer despertó del intenso sueño al anochecer. La bruja le había dicho que permaneciese de pie allí donde la nave de plata había estado y donde había quedado un amplio círculo de vegetación quemada. Se plantó en el centro, cara al norte. Rezó, y una vez que finalizó la oración, pronunció las dos palabras mágicas que le había enseñado la bruja.

Todo su cuerpo se estremeció de repente. Sintió un peso en los pies que tiraba de ella. Unas raíces aparecieron a través de sus mocasines y se hundieron en el suelo, y por todo el cuerpo le salieron ramas de un verde grisáceo. La mujer afligida se convirtió en la primera planta de salvia, una planta que se utiliza también actualmente en las purificaciones espirituales. El sol de la mañana apareció en los cielos y la luz le mostró su nueva encarnación.

Estas son las dos palabras mágicas que pronunció: «Te amo». Las enseñanzas del Clan de la Salvia tienen que ver con la sabiduría y la protección física y espiritual. El olor dulce del humo de salvia te centra y también podría llevarte hasta este magnífico clan.

SAUCE

El sauce es sagrado y enseña respeto y espirituali-dad. Las cabañas de sudoración (temazcales) se cons-truyen con esta planta flexible. El árbol crece cerca del agua y prefiere la tierra húmeda. Es un símbolo de equi-librio y longevidad. Las hojas del árbol, pequeñas y es-trechas, pueden masticarse o prepararse en infusión. La aspirina en un principio procedía de la corteza rojiza del árbol, que produce salicina, una sustancia química acti-va en este fármaco. La corteza también puede fumarse, normalmente mezclada con tabaco.

El humo del sauce proporciona protección. Al igual que el tabaco, el sauce puede usarse como ofrenda a los es-píritus. También se confeccionan hatillos de oración para su uso en ceremonias. Estos coloridos hatillos medicina-les contienen oraciones, igual que ocurre con el tabaco. El sauce simboliza una gran sabiduría y una mentalidad abier-ta. Se utiliza en la preparación de la pintura roja sagrada, que en este caso no es una pintura de guerra sino de paz.

Los miembros del Clan del Sauce son flexibles como una ramita de sauce. Dicho lo cual, hay que de-jar claro que no hacen concesiones en lo que se refiere a sus principios. Puedes apoyarte en ellos en busca de consuelo y sostén. Sus raíces penetran profundamente en la tierra. Puedes confiar en que serán fuertes y com-prensivos. Son amables e introspectivos. Sienten una profunda empatía y son comprensivos con ellos mismos y con los demás. Su energía es purificadora. No te juzgan. Son respetuosos y buscan fomentar la armonía espiritual entre grupos discrepantes.

Se lleva una ramita de sauce como defensa espiritual. Como para la mayoría de los clanes espirituales, el silencio es una puerta de entrada. Como mencionamos, el sauce se asocia con las saunas y por lo tanto con el agua y el fuego, la purificación y el renacimiento. Acude a los ancianos de este clan y descubrirás mucho sobre ti mismo. Sé dúctil como la flexible ramita de sauce.

Se dice que este clan guarda las antiguas flechas de sauce, el hatillo medicinal que contiene cuatro flechas sagradas de distintos colores. Las instrucciones para la utilización del hatillo se recibieron en una visión que tuvo lugar en una sauna, hace cientos, incluso tal vez, miles de años. Se dice que los astiles de las flechas de sauce son rectos y certeros, adornados con plumas de halcón. El hatillo se abre raramente, en ocasiones muy especiales, como en la iniciación de nuevos miembros del clan o en ceremonias de homenaje. A veces se abre durante la búsqueda de visión* de un miembro del clan.

---

* La búsqueda de visión es un rito de paso de algunas culturas nativas americanas. Su práctica tiene como objetivo obtener una visión proveniente de los espíritus superiores a través del ayuno y el aislamiento, para así conseguir guía en un determinado asunto.

SERPIENTE

Las serpientes son reptiles carentes de extremidades. Pueden ser diminutas o llegar a medir más de siete metros de longitud. Se mueven con rapidez, avanzando mediante un movimiento repetitivo. Se deslizan sin hacer ruido, de aquí para allá. Son de distintos tamaños y colores. Algunas son venenosas y otras no. Las serpientes cuentan con lenguas largas, negras y viperinas, que actúan como sensores, saliendo rápidamente de la boca y examinando el entorno.

Las serpientes son animales de sangre fría e hibernan. La hibernación las conecta con estados de ensoñación y visionarios. Puede morderse su propia cola y tornarse circular, sin principio ni fin: un símbolo de infinitud. Las serpientes también son uno de los primeros símbolos que representaron la sabiduría. Cuidado con el cascabel de aviso, o con las adamantinas. Hay muchas más especies, con anillos negros y escarlatas, las serpientes cornudas, las serpientes látigo, las corredoras, las culebras jarreteras, las serpientes del maíz, las toro... Y luego las pitones y las cobras. Sus clanes son algunos de los clanes sanadores más antiguos de la Tierra.

No hay que hablar mal de las serpientes excepto en invierno, cuando hibernan y no pueden escucharte. Nunca mates a una. En lugar de ello, pídele al espíritu de la serpiente que transmute el dolor y el sufrimiento de este mundo.

Los miembros del Clan de la Serpiente están imbuidos de fuerza vital primordial. La serpiente de cascabel es la jefa de todos los clanes de serpientes. Según la tradición oral, la serpiente de cascabel fue antaño un hombre. Este eligió convertirse en serpiente. Cayó sobre el suelo y rodó y rodó, retorciéndose de angustia. Sus extremidades se hundieron en el cuerpo. Se estiró y le creció una larga cola, surgieron escamas que le cubrieron el cuello, y la cabeza fue tragada, convirtiéndose en la cabeza de una serpiente.

Los diversos clanes de serpientes fueron traídos a la Tierra para salvarnos de la extinción. Poseen una clave para la supervivencia del planeta. La energía del Clan de la Serpiente aporta cambios inevitables y guarda cierta proximidad con los auténticos orígenes de la vida. La gente del Clan de la Serpiente es guardiana de conocimientos perdidos. Mantiene una sabiduría que data de mucho antes de la historia humana. Son los grandes chamanes, médicos y curanderos. Si curarte a ti mismo y a otros es tu pasión, llama en tu ayuda a la mujer serpiente o al hombre serpiente. Permite que la serpiente sea tu guía hacia un renacimiento espiritual y físico.

Los miembros del Clan de la Serpiente cuentan con una energía muy equilibrada. Son encantadores. Poseen enigmáticas capacidades curativas y pueden llegar a ganarse la vida gracias a una profesión terapéutica. Su mirada, sin parpadeos, es eléctrica, heladora. Es como si te encerrasen en ella y luego penetrasen profundamente en tu ser más seguro, en ese ser que no admite acceso. No obstante, la serpiente, demasiado intensa, se cuela por toda tu psique al desnudo. Las serpientes te dicen que has de transmutar tus venenos y transformar tus energías mentales, y llegar a ser tan sabio como ellas. Tal vez cambies de piel y pases por un renacimiento y una reinvención. Será una llamada para unirte al Clan de la Serpiente, una de las fuerzas energéticas más potentes de la Tierra.

SERPIENTE EMPLUMADA

Antaño, la serpiente emplumada fue un dios, un ser espiritual parte pájaro y parte serpiente que nadaba en los mares galácticos de los cielos. La energía de la serpiente emplumada está asociada al planeta Venus. Pero no el Venus de la astrología occidental. Los antiguos astrónomos de la Isla de la Tortuga tenían creencias diferentes acerca del lucero del alba y de la estrella vespertina. Venus no trataba tanto del amor y la belleza. Se le llamaba la Gran Estrella. El Venus de la mañana hacía que todo el mundo permaneciese a cubierto. Se consideraba una mala energía y no querían que los alcanzasen los rayos de esa luz maligna. La serpiente emplumada emergió del estudio profundo de ese planeta.

La energía dualista de la serpiente emplumada suele relacionarse con el embarazo y la chispa de la vida, y la gente del Clan de la Serpiente Emplumada vive esa vida al máximo. Poseen un mayor nivel de consciencia. Han alcanzado la dicha interna a nivel celular. Para ellos, la vida es una danza de alegría. Los miembros del Clan de la Serpiente Emplumada corren riesgos y saborean los resultados, sean cuales fueren, buenos o malos. Son eficientes y cuentan con capacidades de liderazgo. La gente del Clan de la Serpiente Emplumada prospera y fluye con la vida y puede sacarte de la dependencia y conducirte a la libertad.

La Serpiente Emplumada es una energía primordial y representa la fuerza vital cósmica. Una pluma, a menudo llamada pelusa, flotará en el aire. Cuando alguien intenta alcanzar una pelusa, esta se aleja flotando, de manera que una pluma se convierte en una enseñanza sobre la ligereza de espíritu. Ninguna fuerza que llegue hasta ti puede dañarte, lo cual es una buena enseñanza para los tiempos que corren.

La serpiente encarna un equilibrio perfecto de energías masculinas y femeninas. Es el poder vital en bruto, el soporte vital omnipresente que da vida y anima la vida sensible. La Serpiente Emplumada viene a la Tierra para instruir a la gente en el uso de este poder.

El ser humano recién nacido no está separado de la comprensión cósmica. Es uno con la sencilla verdad de ser. Esta información procede de las estrellas. Sin embargo, la coronilla de la cabeza no tarda en cerrarse y la conexión con la comprensión infinita y la pureza se ve obstaculizada por este bloqueo craneal. El cerebro está conectado con la columna vertebral y esta es un pilar, una columna energética, el árbol divino a través del que fluye la fuerza vital, el denominado «canal que lleva a Dios». Por cierto, a la energía de la columna se la ha llamado «serpiente de fuego» y debe transmutarse en energía espiritual.

Los miembros del Clan de la Serpiente Emplumada meditan pacientemente esperando la nueva luz que iluminará a toda la humanidad en lugar de a unos pocos privilegiados. Esperan el día en que nuestro mundo terrenal se convierta en un mundo de tolerancia, amor y comprensión, en un auténtico jardín celestial. Creen que el advenimiento de este nuevo mundo está cercano.

El camino que te lleva hacia el Clan de la Serpiente Emplumada se dirige hacia el lucero del alba, donde hallarás una escala. Al ascender por ella aprenderás cosas nuevas e irás despertando gradualmente, dominando varios estados psicológicos. Una vez que lo consigas, podrás trepar todavía más, hasta el pináculo. Allí encontrarás a tus hermanas y hermanos iluminados del Clan de la Serpiente Emplumada, a quienes te unirás.

SÍLEX

Las piedras representan y simbolizan diversas características: son sólidas, fuertes y pacientes. El sílex es una dura roca sedimentaria relacionada con el cuarzo. Su color suele ser entre gris y gris oscuro, y puede tener una apariencia reluciente. El sílex abunda en el continente norteamericano y fue utilizado por sus primeros habitantes para confeccionar puntas de flecha, hachas y otras herramientas para la caza y la guerra.

El sílex, normalmente en forma de punta de flecha, se lleva como protección y para superar la timidez. Ello fomenta la fortaleza psicológica para mantener tu posición en enfrentamientos y discusiones. El intelecto se convierte en tu arma, fría y cortante, como el sílex. El sílex llevado como talismán también agudiza la capacidad mental. Puede emplearse un cuchillo de sílex en las praderas del espíritu para cercenar las malas relaciones con gente sin escrúpulos. En pocas palabras, utilizado en rituales, puede cortar esos vínculos emocionales negativos que te tienen atrapado.

A otros niveles metafísicos, se han usado cuchillos de sílex para cirugía psíquica y en la Antigüedad los curanderos se valían de esta dura piedra para realizar operaciones. El sílex está presente en todo tipo de separaciones rituales. También se ha utilizado como ayuda en proyección del pensamiento y para aumentar la capacidad de recibir pensamientos de otras personas, así como procedentes de otras esferas. El sílex es un símbolo de protección, defensa, fuerza, movimiento y poder, y se utiliza como brújula de viaje. Cuando se da a otra persona, se cree que cimenta una amistad.

Los miembros del Clan del Sílex son emocionalmente estables. El fuego sagrado chispea en ellos igual que hace el sílex cuando se lo golpea contra pirita: provocando chispas sobre la yesca y prendiendo fuego. La gente de este clan ha traspasado la energía discordante y es optimista. A menudo son genios financieros.

Los miembros del Clan del Sílex son sensatos y honestos. Te ayudarán a combatir la inercia. Cuentan con el instinto del cazador. Están alerta frente a todas las formas de engaño y saben cuándo alguien les está mintiendo. No caen en la trampa. Se tornan distantes y se apartan de los mentirosos a la vez que mantienen una clara comprensión de la verdad.

En un momento del pasado olvidado, el Clan del Sílex fue un clan militar. Las virtudes del clan son incontables. Son un clan profundamente espiritual que ha transitado todas las generaciones. Gracias a su fortaleza pétrea disfrutan de una gran paz interior. El Clan del Sílex siempre se ha enfrentado a las fuerzas de la destrucción y la oscuridad. Para convertirte en uno de los suyos, has de jurarles lealtad mientras sostienes un hacha de guerra (de sílex, por supuesto).

SOL

El sol es la fuente más poderosa de energía, de luz y calor. Un sol metafísico ilumina nuestra consciencia. La importancia de nuestro luminoso sol físico, de nuestra estrella, radica en la luz que proyecta sobre nuestro planeta para mantener la vida. Está simbólicamente relacionado con la mano derecha. Nuestros días y noches vienen definidos por si el sol está por encima o por debajo del horizonte. Todos mantenemos una relación simbiótica con esta energía solar. Debemos tener luz, y por ello, el sol es el cuerpo celeste más importante. En muchas culturas es un símbolo de autoridad absoluta y hay que tener en cuenta que puede quemar, matar y destruir. No obstante, ese sol es el que ilumina nuestras mentes espirituales y nos protege de falsos maestros que enseñan oscuridad.

Los miembros del Clan del Sol son guerreros celestiales, determinados a obtener la victoria espiritual. Femeninos o masculinos, están tan centrados como el sol, que es el centro de nuestro sistema planetario. Existen numerosos clanes del sol y miembros de dichos clanes repartidos por todos los continentes. Por lo general, enseñan felicidad y pensamiento positivo y manifiestan un aura noble. Son directos y enérgicos. Abren la puerta dorada del tesoro. Son creativos y exageradamente generosos. El sol proporciona calor y luz, igual que los miembros de este clan. Son gente acomodada, sus finanzas marchan bien y cuentan con un poder personal y un magnetismo excepcionales. Son muy determinados y en general sus deseos prevalecen.

Los miembros de este clan caminan con la energía del sol, la fuente de vida. El sol tiene esencia de guerrero masculino y proporciona una conciencia de protección y una útil relación solar. El sol simboliza el raciocinio, la justicia y una lógica consistente. Se asocia con la estabilidad, el desarrollo, la felicidad, la razón y la paz. Un sol rojo también simboliza pasión.

Los integrantes del Clan del Sol mantienen la luz y el centro. Proporcionan una energía positiva muy necesaria: el tipo de energía que posibilita el progreso, sea en agricultura, economía o desarrollo personal. Dan un apoyo verdadero orientado a la abundancia y la prosperidad.

Las danzas del sol llevan miles de años representándose en la Isla de la Tortuga. Los participantes reconocen al sol como origen de vida y rezan para que la vida pueda continuar. Rezan por nuestro planeta natal, por un medioambiente sostenible y por el bienestar de todos los animales y pueblos, para que disfruten de vidas buenas y satisfactorias. La danza del sol es la gran danza de renovación.

Si te sientes atraído hacia tu sol interior y sientes una conexión con el sol externo, eso es señal de que te encuentras en el primer nivel de iniciación. No tardarás en hallarte en el más luminoso de los clanes, bañado en la luz dorada de tu realización espiritual solar. Y estarás sincronizado con el corazón solar palpitante de todos los mundos.

TABACO

Conocidas como flores del tabaco, las preciosas flores tubulares de la planta de tabaco perfuman el aire y se dice que fueron descubiertas por un colibrí. Entre las más de setenta especies de tabaco destaca *Nicotiana tabacum*, la principal fuente del tabaco comercial. Se trata de una planta perenne que se cultiva por sus hojas redondeadas.

Las verdaderas enseñanzas del tabaco son más necesarias en la actualidad de lo que fueron nunca antes. Es una herramienta chamánica que protege del mal. Se utiliza para fumigar objetos y gente, purificarlos, aislarlos de todo mal y protegerlos de ataques y desequilibrios. El humo se sopla y se abanica sobre los enfermos y proporciona fortaleza espiritual. El jugo de tabaco suele escupirse en los ojos de los chamanes para proporcionarles una visión secundaria y la capacidad de ver el futuro y sucesos distantes, así como para obtener otras informaciones. Cuando un chamán sopla humo de tabaco —«la respiración visible»— sobre alguien, le está confiriendo poderes mágicos.

El del tabaco es un camino sagrado y en la Isla de la Tortuga se viene fumando desde hace miles de años, utilizándose en ceremonias en todas las partes del mundo. Existen muchos mitos sobre el origen del tabaco. Esta planta nos recuerda que cuando tomamos algo debemos devolverlo. Por ejemplo, cuando encontramos una pluma, o una piedra hermosa, o vemos un espléndido arcoíris o el majestuoso vuelo de un águila, podemos utilizar cuatro pizcas de tabaco seco, que simbolizan los cuatro puntos cardinales, para mostrar gratitud. Es un don que se devuelve por lo que se ha recibido. Cuando nos hemos beneficiado mucho, hay que ofrecer cuatro pizcas y decir una oración de agradecimiento. En nuestra propia vida algún día nosotros también deberemos devolvernos al uno, al Misterio.

Los miembros del Clan del Tabaco son responsables de recoger, tratar y distribuir el tabaco sagrado que se utilizará en ceremonias con pipa y otros rituales. El tabaco es la planta amerindia más importante, un don especial del Creador. Se utiliza como ofrenda espiritual y complementaria de la oración, también como mediador entre el mundo humano y el de los espíritus.

Por lo general, los hombres lo plantan y las mujeres lo cosechan y preservan. Hombres y mujeres lo usan como una ofrenda a los buenos espíritus en busca de guía y protección, para presentar sus respetos, para curar y para expresar gratitud. La planta unifica a los seres humanos y a sus hermanos y hermanas animales con los espíritus de las plantas, con los espíritus de toda la naturaleza —montañas, tierra, lagos, mares, cielo— y en última instancia con el propio cosmos.

Los miembros del Clan del Tabaco son modestos y siempre viven conectados con lo sagrado. Son visionarios despiertos con una relación personal íntima con la

Creación. El sagrado tabaco es una medicina del ser humano completo, para el cuerpo, la mente y el espíritu. Es el gran unificador. Si este es tu clan, has sido muchas veces bendecido. El uso tradicional del tabaco ha disminuido pero los clanes del tabaco son poderosos. Tal vez no tarden en volver las antiguas costumbres del uso del tabaco y la planta sagrada dejará de ser maltratada de una manera tan poco respetuosa.

Sigue al colibrí hasta las flores de la planta de tabaco, al menos en espíritu. Empieza la jornada con oraciones y una ofrenda de tabaco sagrado. El tabaco es un don. El Misterio concedió tabaco a los seres humanos para aportar paz, armonía y tranquilidad a sus relaciones. Para encontrar al Clan del Tabaco, permanece centrado, percibe los espíritus y pídeles que te conduzcan a él.

TEJÓN

Los tejones tienen cuerpos robustos y colas cortas y tupidas. Sus patas gruesas, fuertes y ligeramente arqueadas, hacen que su tranquilo caminar resulte algo torpe. Cuentan con largas garras. Su pelo es gris, negro y blanco, con la pechera de color más claro. El tejón tiene la cabeza blanca con anchas rayas negras que comienzan en el morro, cubren los ojos y las orejas, y finalizan en el cuello. Hay que considerar esas rayas como una advertencia.

Aunque el tejón no es peligroso por naturaleza, y siempre prefiere la paz, si se le provoca puede convertirse en un enemigo violento y terrible. Sus garras son armas muy efectivas, y sus dientes son largos y afilados. Cuando un tejón cierra la boca, sus mandíbulas se bloquean y agarran sin ningún esfuerzo la parte del animal atrapada. En otras palabras, no suelta nunca.

Los miembros del Clan del Tejón son muy individualistas y lo defienden con ahínco. También lo defenderán agresivamente si es necesario. Son conservadores y cautos y se enfrentan a los problemas mediante acciones decididas. Cuando los tejones deciden pasar a la acción, son rápidos a la hora de enfrentarse a cualquier agresor.

Los miembros de este clan son, en general, prósperos gracias a sus esfuerzos y fortaleza de ánimo. Dicho lo cual, también hay que señalar que son obstinados y nunca le harán ascos a una pelea. Retroceder no forma parte de su naturaleza. Asustan a mucha gente porque dan la impresión de no conocer el miedo.

El Clan del Tejón valora la acción independiente. Conocen la tierra y por ello son buenos agrónomos. Los jefes de este clan encienden las hogueras que continúan ardiendo durante el año y las nuevas hogueras tribales se prenden con ascuas de las viejas. La fama no les es ajena y les llega sin que tengan que esforzarse, tal vez porque siempre se plantan con firmeza en defensa de sus principios.

La gente del Clan del Tejón demuestra tener buenas habilidades parentales; manifiestan amor y tolerancia por sus hijos. Se identifican con la dirección sur, el verano de la vida, el lugar de los hijos, el lugar de la confianza y la inocencia.

Son los guardianes del sur y protectores de los pequeños. Prestan atención a todos los niños, no solo a los suyos. Son famosos curanderos y cuentan con amplios conocimientos sobre raíces y hierbas medicinales. El tejón no tiene competidores como curandero.

La perseverancia es una cualidad del Clan del Tejón. Si sientes que has hecho frente a muchos desafíos y que has pasado por diversos niveles de iniciación y continúas adelante a pesar de las dificultades porque has superado las pruebas, probablemente haya llegado el momento de que acabes con tus dudas y tus preferencias y te conviertas en el gran y heroico guerrero que estabas destinado a ser. Esa es una sagrada obligación espiritual antes de ser admitido en el Clan del Tejón.

TIERRA VIRGEN

Tierra virgen es aquella en la que no ha puesto el pie el ser humano. Implica un lugar de nuevos comienzos, de nuevos orígenes, de primeras huellas, en el centro de una nueva creación. Significa que el viaje ha terminado y que ha llegado el momento de ponerse a construir un mundo mejor.

Cada clan tiene una historia. La historia del Clan de la Tierra Virgen es un recordatorio de que vivimos en un lugar sagrado. Desde el oeste, la gente siguió un «palo rojo» indicativo que los condujo en una emigración hacia el este. El sagrado palo rojo inclinado también se conoció como bastón rojo o *baton rouge*. El divino palo perteneció a un profeta, a un poderoso chamán. Cuando la gente acampaba, el chamán plantaba el palo rojo en el terreno y le ataba su hatillo de medicinas. El palo rojo se inclinaba hacia el este cada mañana y la gente continuaba en esa dirección. Finalmente, tras un largo viaje de muchos cientos de kilómetros, el palo permaneció derecho. La gente supo que habían llegado a la tierra virgen que andaban buscando. Se convirtió en su nueva patria.

Entre los miembros del Clan de la Tierra Virgen no encontrarás a ningún artista abatido. La gente de este clan sonríe. Hacen gala de una actitud excelente y están cargados de energía positiva. Son depósitos de buenas vibraciones que animan a todos los que los rodean. Han buscado y hallado tierra virgen sobre la que construir sus sueños. Eligen estar felices y radiantes. Se ríen ante la adversidad y la atraviesan. Les encantan los cambios y jugar con ellos hasta que les son favorables. Son buenos para echar unas risas y siempre esperan que el futuro les traiga cosas todavía mejores. Nunca se quejan.

El Clan de la Tierra Virgen celebra reuniones de oración y ceremonias en días luminosos porque el sol siempre es directo y honesto, como ellos. Si perteneces a este clan, mantén el ánimo por encima de la crispación. Silba una cancioncilla alegre. Toca la tierra, toca la tierra virgen porque es sagrada.

TOPO

Los topos son pequeños mamíferos y están repartidos por todo el mundo excepto en América del Sur y la Antártida; viven en cualquier entorno adecuado para excavar túneles. Tienen un cuerpo cilíndrico, suave pelo oscuro, ojos y orejas muy pequeños, extremidades traseras cortas y robustas patas delanteras con zarpas perfectas para cavar.

Los topos son los seres subterráneos originales. Son muy sensibles y pueden enseñarte cómo descubrir partes ocultas de ti mismo: tus recuerdos más secretos enterrados de vidas pasadas. Te explicarán cómo explorar hacia el interior. Si fuera necesario, te tomarán de la mano y te llevarán ante el espejo oscuro. Son capaces de hacer la vista gorda ante tus faltas, y una persona del Clan del Topo incluso podría considerar que tus faltas son virtudes. Los miembros del Clan del Topo son hipersensibles. Tiene potentes intuiciones y rara vez se equivoca en sus estimaciones.

El topo cava una madriguera subterránea y conoce los secretos internos de la Tierra, las regiones inferiores asociadas con el miedo y la muerte. Al topo se lo suele llamar el Anciano Subterráneo. La dirección es hacia abajo. El color es el negro. La tierra es el elemento. Profundizan. Conocen tesoros ocultos, piedras preciosas, raíces medicinales y en la oscuridad conocen la luz. Son los guardianes del mundo inferior de todos los senderos y protegen la geometría de todas las direcciones.

Los miembros del Clan del Topo son difíciles de calibrar. Son sencillos, cautos, sigilosos e incluso pueden llegar a ser fríos y reservados. Valoran la privacidad. En público, los miembros del clan no dan muestras de conocerse. Permanecen inexpresivos sin ningún gesto de reconocimiento.

Al igual que los videntes de antaño, el Clan del Topo lleva a cabo sus ritos y ceremonias en el silencio de una cueva oscura y oculta. Las energías externas no pueden penetrar los muros que hay alrededor. Son capaces de realizar viajes astrales a distantes lugares y de comunicarse con sabios y santos que han renunciado al mundo. Durante sus ceremonias entablan relación con seres de luz en otras dimensiones. Los miembros de este clan están muy alejados del mundo material y manifiestan sus sencillas necesidades con facilidad. Se han encarnado aquí, en nuestro planeta, para ayudar a la humanidad sufriente. Son gente que no verás en las redes sociales. Es más probable que estén excavando en algún jardín o viviendo de alguna manera sencilla y utópica.

Si te sientes atraído por el Clan del Topo y sus enseñanzas, levanta un altar de tierra. Debe estar al aire libre, orientado hacia el oeste, un pequeño receptáculo construido con una capa de tierra obtenida de alrededor de la madriguera de un topo. Utiliza palitos de oración, hatillos de tabaco, piedras o cualquier objeto que tenga sentido espiritual para ti para así habilitar tu altar. Estos altares nos conectan con el mundo inferior. Algunas personas llevan como collar una bolsita de cuero con tierra de madriguera de topo, una especie de *oráculo* que te mantendrá en tu camino, llevándote hasta el Clan del Topo. El camino del topo es un camino de humildad y renuncia. Es un camino al que no es posible oponerse.

TORTUGA

Las tortugas son tímidas y reticentes. Se mueven con lentitud, son reptiles ovíparos, con un caparazón protector que las cubre por encima y por debajo. Viven en los mares salados y en lagos y ríos de agua dulce. También hay tortugas de tierra. Pueden ser de muchos tamaños, desde el de una moneda hasta gigantescas tortugas que pesan más de quinientos kilos. Son distintas de otros reptiles. La tortuga hembra puede depositar hasta cien huevos o simplemente uno o dos.

Estos animales viven en todos los continentes y llevan en la Tierra desde la época de los dinosaurios. Según la mitología amerindia, una enorme tortuga surgió de las profundidades del océano primigenio para crear la Isla de la Tortuga, el continente norteamericano. Aporta estabilidad a todas las criaturas, grandes y pequeñas. Se dice que las tortugas son las mediadoras entre el mundo superior y el inferior.

Los integrantes del Clan de la Tortuga nos protegerán de desastres y sufrimientos. Son sólidos y resueltos. Nacieron ya adultos. El paso de la tortuga y su camino corresponden a la antigua sabiduría cósmica. Son una reproducción a escala del universo, de la Tierra base y de la bóveda celeste. Por ello, son conscientes de las verdades y principios más elevados. Persisten bajo las circunstancias más difíciles. Saben que caminan sobre el caparazón de un pariente, de una tortuga: la Isla de la Tortuga. Parecen ir lentas y tranquilas pero siempre alcanzan sus metas.

Los miembros de este clan se sienten como en casa y en paz, allí donde estén. Cuentan con la capacidad de mantenerse firmes en cualquier situación. Pueden retirarse con facilidad en sí mismos y aislarse de molestias no deseadas. El Clan de la Tortuga enseña que para conocer el cielo primero debemos conocer la Tierra. Poseen conciencia medioambiental y hacen lo posible para proteger la tierra y el agua. Disponen de conocimiento antiguo relativo a la longevidad y la buena salud. En las ceremonias suele invocarse el espíritu de la tortuga. En esas ocasiones se frota una tortuga en los pies, tobillos y pantorrillas para aumentar la fortaleza en las piernas de jugadores de pelota, trepadores de postes y cualquiera que lo necesite.

Para celebrar y reconocer el espíritu de la tortuga en la Isla de la Tortuga, cada año se festejan danzas tradicionales en muchas tribus.

Observa la belleza y el tesoro de la Creación. Ya podemos agradecerle a la Madre Tortuga todo lo que nos ha proporcionado. Si sabes que eres de la Tierra, pide a los espíritus terrenales que te guíen hasta el Clan de la Tortuga. Las tortugas protegen la salud de tu espíritu. Si

meditas en nuestro planeta natal y sigues tus orientaciones internas, serás conducido al Clan de la Tortuga.

TRUENO

Los relámpagos causan truenos. Abren un canal en el aire y una vez que el relámpago desaparece, el aire vuelve a cerrarse y se oye el retumbar del trueno. Cuando veas un relámpago, puedes contar los segundos hasta que oigas el trueno. El sonido se desplaza con mucha más lentitud que la luz. Cuanto más rápido oigas el trueno, más cerca estará el relámpago de ti. Un relámpago libera una carga de electricidad tan grande que emite más calor incluso que la superficie del sol.

Se dice que el trueno ha curado a gente por todo el mundo, incluso de enfermedades incurables. La madera de los árboles alcanzada por un rayo es muy valorada por chamanes y curanderos, que la utilizan de diversas maneras. Se queman algunas astillas y la gente se baña en el humo, que se dice que te proporciona el poder de un rayo. Se convierten en una fuerza que hay que tener en cuenta. El polvo de la corteza de un árbol alcanzado por un rayo se diluye en agua cuando se ponen a remojo semillas antes de la siembra. Eso asegura una buena cosecha.

Los integrantes del Clan del Trueno son inescrutables. Son canales de fuerza vital. Se dice que poseen potentes energías creativas y la capacidad de manifestarlas. En el núcleo de sus enseñanzas está el trueno sobrenatural. Son gente que entabla amistad con los relámpagos. Se deleitan con ellos: con el chispazo, el trueno y el asombro que todo ello provoca.

Hace mucho mucho tiempo, en la era de los mitos, circulaban muchas creencias relativas al relámpago y el trueno. Algunos creían que se trataba de un gigante rojo altísimo, que estaba por encima de la Tierra y que provocaba los truenos y los rayos. Para otros era un ave enorme que los provocaba con su pesado batir de alas.

Los miembros del Clan del Trueno creen que el Abuelo Trueno es pariente suyo. Creen que su abuelo lava la Tierra y la mantiene limpia. La madre del clan es la última en entrar en la tienda durante las ceremonias del trueno y se sienta al oeste. En esta reunión anual del clan, se quema tabaco y se fuman cigarrillos medicinales de hollejo del maíz y tabaco. Dan gracias al Primer Jefe, el Abuelo Trueno. Rezan. Cantan. Y casi siempre, durante la ceremonia, se oyen truenos. Un estruendo acompañado por destellos carmesí.

Los integrantes del Clan del Trueno son volubles. Se mueven a la velocidad de la luz y la luz súbita es su elemento. También poseen una luz espiritual, una metáfora en la mayoría de las religiones que hace referencia al bien. Los de este clan tienen encomendado proyectar una luz espiritual cegadora, una luz que solo habita la verdad. Invoca al espíritu del trueno antes de la lluvia cuando hay electricidad en la atmósfera.

TURQUESA

Turquesa significa *piedra turca*. Tanto los turcos como los aztecas explotaban minas de esta piedra entre aguamarina y verde hace miles de años. Los aztecas extraían turquesas cerca de una zona conocida en la actualidad como Santa Fe, en Nuevo México. Creían que la turquesa estaba relacionada con el fuego y el sol. El guerrero solar estaba armado con una gran serpiente turquesa. Cada mañana temprano, la serpiente echaba a la luna y las estrellas del cielo nocturno. El sacerdote de una tribu de Nuevo México era conocido como el Sacerdote de las Lluvias del Norte. Guardaba un enorme corazón de turquesa en un altar especial. El corazón de turquesa era conocido como el Corazón Secreto del Mundo.

La turquesa es una piedra muy sensible. Une la Tierra y el cielo. No tarda en adoptar las características de su dueño, tanto las buenas como las no tan buenas. La turquesa es uno de los talismanes más antiguos: se dice que da buena suerte y que protege de los maleficios. Pierde su lustre antes de una tormenta. Según se afirmaba, en el norte de la Isla de la Tortuga había una gran piedra de turquesa que protegía a la gente. Predecía con precisión cualquier peligro cercano al adoptar un color gris oscuro. Los psíquicos llevan turquesas para mejorar su clarividencia. Dice la leyenda que las turquesas son las lágrimas de Nuestra Señora de los Cielos.

Lloró cuando observó la belleza apabullante de la Tierra y sus lágrimas se convirtieron en pepitas de turquesa.

Históricamente, la turquesa podría ser la más antigua de las piedras más valoradas. En Irak se han descubierto cuentas de turquesa que datan de hace más de siete mil años. La turquesa tiene la fama de proporcionar seguridad a su propietario. Así que lleva alguna para protegerte de peligros y para aumentar tu vitalidad. Fue talismán para reyes y emperadores. Los soberanos del antiguo Egipto llevaron turquesas. Por esta razón no tardó en ser anhelada por gente de rango inferior. La adquirieron guerreros, exploradores y otros que desempeñaban ocupaciones peligrosas. La piedra también aumentaba el poder de los curanderos y otros sanadores.

Los integrantes del Clan de la Turquesa son prósperos y raramente están tristes. Cuando inician un proyecto, lo siguen hasta el final. En este clan abundan los adivinos consumados. La turquesa conecta a los miembros del clan con poderosos espíritus naturales. Las enseñanzas del Clan de la Turquesa incluyen la sabiduría trascendente, una sabiduría más allá del conocimiento. Enseñan belleza y paz, que se dice que van de la mano. Enseñan respeto. Para ser respetado, deberás ser respetuoso. Nos enseñan a ser humildes, valientes y honestos, y a mantener una actitud positiva.

Los miembros del Clan de la Turquesa llevan turquesas, llamadas las «piedras de la tranquilidad», como un símbolo de sabiduría, poder personal, prosperidad y buena suerte y por sus cualidades medicinales curativas. El clan enseña que la sagrada turquesa es una piedra que hace de intermediaria con los espíritus del mundo superior. La piedra aportará principios nobles a la Tierra e insistirá en la integridad. Si el cielo está llamándote por tu nombre, quizás el Clan de la Turquesa sea tu clan.

TUZA

Las tuzas son pequeños roedores peludos que utilizan sus afiladas garras e incluso sus dientes para excavar bajo tierra. No dejan de excavar nunca, y sus extensas redes de túneles parecen interminables. Crean montículos que pueden resultar peligrosos para quien ande por la zona, pues provocan tropiezos o bien uno acaba metiendo el pie en el fango que las tuzas han ido extrayendo. Son voraces y cuentan con grandes bolsas en las mejillas peludas que utilizan para transportar alimentos. También tienen fama de acaparadoras y pueden acumular enormes cantidades de comida.

Los miembros del Clan de la Tuza son mensajeros de las profundidades de la Tierra. Pueden extraer de la Tierra revelaciones acerca de cuestiones profundas. Son chamanes. Conocen la mente subconsciente. Conocen los impulsos ocultos que motivan a la gente. Saben cómo descubrir tus recuerdos prohibidos, a veces dolorosos o hermosos, pero reprimidos. Saben cómo curarte.

Los miembros del Clan de la Tuza suelen ser médicos de poder con grandes capacidades de sanación. Son sanadores. Son sabios. Cuentan con poder y magia terrenales. Saben que el tesoro está oculto, se trate de un tesoro pirata o incluso de un tesoro intelectual y espiritual. Una tuza puede compartir un mensaje contigo procedente de las profundidades más insondables del mundo inferior y decirte dónde debes cavar para encontrar ese tesoro escondido.

Los integrantes del Clan de la Tuza suelen ser el poder oculto tras un jefe o, en las sociedades dominantes actuales del mundo, el poder tras presidentes y reyes. Siempre ofrecen consejos, buenos y malos. Disponen de una red oscura de amistades. Algunos dicen que cuentan con el poder de bendecir y maldecir, de curar y de matar. Nunca pierden en el juego. Pueden «ver» y saben exactamente cuándo y a qué apostar. Juegan con ventaja a menos que se tornen innecesariamente avariciosos, en cuyo caso no tardarían en perder hasta la camisa, igual que todo el mundo.

A los integrantes del Clan de la Tuza les gustan las ciudades y prefieren la vida urbana. Son los informados. Obtienen información de muchas fuentes, incluyendo su propia intuición. Saben cómo interceptar la información falsa. Siempre están al tanto de lo que sucede. Disponen de poderes tanto buenos como malos y utilizarán cualquiera de ellos si lo consideran necesario. No es fácil reconocer este clan, pues son discretos y mantienen un perfil bajo. Si te sientes atraído hacia cierta gente y te involucras con ella y sabes que cuentan con los misteriosos poderes que estás buscando, serás admitido en ese clan.

UROGALLO

Los urogallos son solitarios y su hábitat más común es la tundra. Tienen cuerpos sólidos y patas cortas. También pueden tener una cresta sobre la cabeza. Las plumas de la cola adoptan forma de abanico y las del cuello son alargadas. Con su plumaje marrón oscuro con diversos tonos rojizos y sus puntos y rayas, el urogallo resulta vistoso y atractivo. Se suele oír al macho en las frías estepas del norte produciendo un sonido similar a un tambor, para atraer a una hembra.

El urogallo es sensible. Los machos son célebres por sus gritos de amor. A principios de la primavera cuando el aire está lleno de la fragancia de la salvia y del aroma limpio de las hierbas de la pradera, el urogallo macho se pavonea y corteja orgulloso, seguro, confiado y un poco audaz, atractivo, con sus barbas hinchadas y moviendo las plumas marrón castaño listadas de la cola.

Cuando se enfrenta a otro macho, el urogallo bufa y ataca adoptando un movimiento en espiral, pero no se trata tanto de una lucha física como de una danza ritual de lujuria y autoridad. Es una batalla bailada, de ida y vuelta; una prueba de voluntades, una auténtica danza de apareamiento en el teatro del deseo. Se picotean, encrespan las plumas, giran y se rodean por un lado, luego por el otro: una actuación de lo más animada. Es una danza de dominación que determinará qué macho es el más atractivo, el más bonito, el más deseable y el más adecuado para aparearse. Se trata de una actuación impresionante, motivada por un anhelo que es el corazón y el alma de la pasión. Solo hay un ganador... Bueno, tal vez dos. Más tarde, una vez realizadas esas danzas rituales, pueden verse las parejas de urogallos: hembra y macho como almas gemelas. Y todavía más tarde, es posible observar a una feliz madre urogallo con sus adorables crías tras ella.

Los miembros del Clan del Urogallo parecen haber conquistado el punto de quietud en la esfera del yo. Sientes su presencia de manera inmediata. Los rodea una energía muy potente. Puedes sentir un zumbido constante en el aire cuando estás cerca de ellos. Su fuerza vital es imposible de ignorar.

Los integrantes de este clan se sienten realizados. Aman y son amados. Permanecen en contacto con su alma más profunda. Viven sus vidas en ciclos. Son los bailarines sempiternos en un círculo de danza. Van acumulando conocimiento en cada ronda. Buscan la sabiduría y la encuentran. Alcanzan un estado perfecto en la coreografía de la existencia. El Clan del Urogallo puede hacer que atravieses mares tempestuosos hasta alcanzar la iniciación espiritual que buscas, un viaje hacia tu verdadero centro, un viaje hacia la luz interior.

ZARIGÜEYA

Las zarigüeyas son carroñeras adaptables y eficaces, del tamaño de un gato doméstico. Tienen el pelo gris y un rostro blanco. Sus ojos son negros y carecen de pelo en orejas y cola. Las zarigüeyas abundan sobre todo en la mitad oriental de Estados Unidos y en América Central. Construyen sus propias madrigueras y salen por la noche en busca de alimento. Es el único marsupial de la Isla de la Tortuga.

Los integrantes del Clan de la Zarigüeya son gente astuta, pero nunca te darás cuenta. Su naturaleza siempre utiliza subterfugios. Son la gente oculta, que esconde su auténtica identidad de las miradas ajenas. Son una farsa, un fingimiento, una elaboración. No pretenden hacer ningún daño con ello. Es solo un mecanismo de defensa. Quieren proteger su auténtico ser y sus auténticos sentimientos a toda costa porque son hipersensibles. Mientras su verdad interna permanezca oculta, nadie podrá hacerles daño. Por eso son buenos oyentes y no dicen demasiado, evitando cualquier posible discusión.

Los miembros del Clan de la Zarigüeya son reservados. Nadie puede asegurar quiénes o qué son. Pueden ser tu mejor amigo o esa vecina ancianita. Pueden ser tu banquero, tu panadero o un albañil. Están disfrazados e interpretan un papel, fingiendo ser alguien que no son. Y lo que «no son» es precisamente lo que «son». Ese es el camino de la zarigüeya y el camino del Clan de la Zarigüeya. Y si las zarigüeyas lo hacen bien, nadie podrá criticarlos ni darles un porrazo porque no son ellos mismos. En realidad estarás atizándole a un artificio.

Para entrar a formar parte del Clan de la Zarigüeya deberás fingir. Has de comprender al farsante en tu interior para proyectarlo y utilizarlo en tu beneficio. Es la única manera en que puedes entrar y ser iniciado en su clan, porque una vez que aprendas sus secretos, no podrás volver atrás. Debes perfeccionar tu yo artificial, el tú que no eres tú. Debes engañar a todo el mundo y dar la impresión de ser genuino. Y, quizás lo más importante, nunca debes descubrir a ninguno de los miembros del Clan de la Zarigüeya. Ese es el código. Si lo haces, te inundarán de acusaciones falsas, y las oportunidades que surjan también serán falsas. Te caerá encima tanta falsedad que no podrás diferenciar el mundo real del falso. Tu juego de falsedad se vendrá abajo y nadie querrá nada contigo.

En la naturaleza, las zarigüeyas enrollan su cola alrededor de la rama de un árbol y cuelgan cabeza abajo. Han abandonado los convencionalismos y puesto su vida patas arriba. Al final, se hacen las muertas, al menos eso es lo que parece. Pero nunca puedes estar seguro de si están fingiendo o es verdad.

ZORRO VELOZ

Los zorros veloces* tienen su hogar en los desiertos del sudoeste norteamericano. También existe una elevada población en México. Son nocturnos pero se ven ocasionalmente de día. Tienen una cabeza grande y sus orejas, largas como cucharas, están muy juntas. Tienen un oído excelente. Son de color gris con una cola con la punta negra. Los zorros veloces comen animales pequeños, como conejos, ratones, ratas e incluso ardillas. No necesitan beber mucho para sobrevivir porque obtienen líquido suficiente de sus presas.

La gente del Clan del Zorro Veloz es astuta. Son ágiles, ingeniosos y se adaptan a cualquier situación. Son independientes. Controlan el terreno. Tienen la capacidad de fundirse con el entorno y tornarse invisibles. Recorren el terreno sin ser vistos ni reconocidos. Las culturas indígenas del mundo dicen que pueden metamorfosearse.

Existen incontables relatos antiguos de historias de amor entre hermosas mujeres y guapos galanes que en realidad no eran sino zorros veloces. La historia se desarrolla de la siguiente manera: una mujer que va andando por un campo avista a un zorro macho. Ambos se miran a los ojos. Entre ellos circula una potente energía. La mujer se acerca y el zorro desaparece. Pocos días después llaman a la puerta del hogar de la mujer. Esta abre

---

* *Vulpes velox*, también conocido como «zorro cometa».

y descubre al hombre más guapo que jamás haya visto. Él dice que se ha perdido y que necesita ayuda. Ella lo invita a entrar y a tomar una taza de té. Hablan. Ríen. Él se queda a pasar la noche.

Ambos viven felizmente juntos, pero al cabo de unas semanas, salta la liebre. Él suele desaparecer por las noches. Y para ello ofrece un montón de excusas. Ella empieza a sospechar y lo sigue, hasta descubrir que es un zorro. A la mujer se le parte el corazón. En uno de los finales, él desaparece, dejándola a ella contemplando su maravillosa experiencia con un animal. Claro está que este cuento tiene otros muchos finales, pero ninguno de ellos tan feliz.

Como puedes ver, los zorros veloces son animales poco comunes. Pueden ser buscadores de almas, especializados en curar la pérdida de estas y en reclamarlas. Han enseñado a su clan diferentes maneras de buscar las almas traumatizadas y restituirlas a sus dueños originales, devolviéndoles la salud física y mental.

Los miembros del Clan del Zorro Veloz guían a los suyos hacia la salud y el bienestar. Reconocen a los buenos espíritus, así que pueden agarrarlos cuando aparecen. Los zorros veloces disponen de varios dones chamánicos muy particulares. Siempre han facilitado la comunicación entre los vivos y los muertos. Cuando el camino no está claro para los demás, el zorro veloz sabe leer las señales perfectamente acerca de lo que está por llegar.

El zorro veloz es un gran embaucador, parecido al coyote, aunque no tan desvergonzado. A diferencia del coyote, no cae en sus propias trampas. El coyote es invariablemente su propia víctima. Los zorros veloces nunca se dejan atrapar por las trampas que han dispuesto para otros. Y las trampas que ponen no fallan jamás. Deja que el zorro veloz te muestre cómo escabullirte de cualquier situación peligrosa sin ser visto. Muchos de los integrantes del Clan del Zorro Veloz son magos del más alto nivel. Si te llaman desde otras llanuras que no son de esta Tierra y recibes el mensaje, síguelo. Los zorros veloces son los animales más difíciles de seguir: caminan en la invisibilidad. Permíteles descubrir a un espíritu semejante: a ti.

6

EL ESPÍRITU DEL TRANSMISOR DEL TIEMPO

Hace mucho tiempo, en el continente norteamericano vivía la ardilla de trece rayas, o ardilla terrestre de trece rayas, que se decía que controlaba diversos aspectos de la medición del tiempo, por ejemplo alteraciones como el movimiento hacia atrás y hacia delante en la corriente temporal. Si te cruzas con esta ardilla rayada en tu camino, podría haber algún aspecto importante del tiempo sobre el que debieras reflexionar.

Conocida también como el espíritu del Transmisor del Tiempo, la ardilla de trece rayas es un ser realmente fantástico. Tiene trece rayas, que representan los treces meses lunares de veintiocho días y se rige por los ciclos y fases lunares.

Si quieres involucrarte con este ser, deberás invertir algún esfuerzo en familiarizarte con su comportamiento, sus rasgos y su presencia. Sus cuerpos son delgados, sus mejillas abombadas y sus colas espesas. Sus ojos son grandes y luminosos, y trasladan su atención con rapidez en muchas direcciones. Cuentan con una cualidad hipnótica desorientadora. Son muy curiosas y necesitan muy poco para sentirse eufóricas.

Este animal especial es activo durante el ocaso y el amanecer, el momento en que el mundo cambia. Hibernan como los osos y pasan mucho tiempo soñando. Los sueños son un puente a muchas leyes del tiempo alternativas: en los sueños dejamos de experimentar el fluir lineal del tiempo y en su lugar podemos saltar a portales que dan paso a realidades temporales alternativas. Podemos mirar en el espejo del tiempo, en prismas que pueden cambiar, distorsionar y reconfigurar la cualidad del tiempo tal y como la conocemos.

A menudo, un encuentro con la ardilla terrestre de trece rayas provoca vívidos solapamientos con vidas pasadas, vidas futuras o aventuras en paisajes distantes pero de alguna manera familiares: otros mundos recordados.

La meditación del siguiente capítulo está dedicada al espíritu del Transmisor del Tiempo y por ello pedimos las bendiciones de todas las ardillas terrestres.

A continuación vamos a invocar al espíritu de este animal pidiendo sus antiguas bendiciones y el don de sus asombrosos poderes. Inicia el proceso de visualización creativa para familiarizarte con la ardilla terrestre de trece rayas. Simplemente realiza una presentación en tu imaginación creativa. No te preocupes sobre si haces algo adecuado o erróneo. Permite que suceda por sí mismo. Saluda y familiarízate.

A fin de reforzar una conexión con la ardilla terrestre de trece rayas, inténtalo con algún estímulo visual. Primero hazte con una imagen de la ardilla terrestre de trece rayas. O bien busca una foto en un libro de la biblioteca y llévatelo a casa en préstamo para poder estudiarla a voluntad. Tal vez desees ver algunos vídeos de la ardilla terrestre de trece rayas u otras grabaciones *online* relacionadas.

Cada noche, y durante varios días, semanas, meses o, esperemos que no, años, mira la foto de la ardilla terrestre antes de acostarte. Pídele que te indique cuándo ambos estaréis listos para más aventuras. Intenta implicar a tus sentidos e imagina acariciar, oler, escuchar y ver al animal con tu mente. Pero no fuerces nada. Solo mantén a la ardilla terrestre en tu conciencia y disfruta de cualquier interacción que pudiera darse en el momento. Vuelve a pedir la bendición de la ardilla, una bendición del Transmisor del Tiempo.

7

⫷⫷⫷⊣⊙⊢⫸⫸⫸

EL PERIPLO HACIA TU CLAN
ORIGINAL

El periplo interior para descubrir tu primer clan espiritual puede empezar ahora con la ayuda de la ardilla terrestre de trece rayas. Lee esta meditación varias veces para que te familiarices a fondo y te sientas a gusto con ella.

- Busca un sitio sin aparatos electrónicos ni distracciones donde no te molesten, un lugar seguro y a salvo. Conecta con el espíritu del lugar.
- Ten un bolígrafo y un cuaderno a mano a fin de escribir tus experiencias cuando sea el momento.
- Túmbate, ponte cómodo y permanece tranquilo.
- Respira hondo cuatro veces y cierra los ojos.
- Ponte cómodo, de manera que estés perfectamente relajado y tranquilo, sin tensión.

- Habla con el espíritu de la ardilla terrestre de trece rayas. Pídele al espíritu que permanezca contigo y te ayude a descubrir tu clan original.
- Relájate y visualiza a la ardilla terrestre de trece rayas a un tamaño parecido al tuyo por delante de ti. Observa las rayas y los puntos entre las rayas, así como los curiosos e hipnóticos diseños que cubren su cuerpo. La ardilla terrestre de trece rayas de tamaño humano que ves delante de ti se encuentra frente a un portal temporal lleno de una cegadora luz blanca. Pídele a la criatura que cambie el tiempo y te señale el camino hacia tu clan espiritual. Pídele que te meta en el portal y te conduzca a recuerdos antiguos. Permite que la ardilla terrestre te tome de la mano y te lleve al centro exacto de la luz y al interior del portal.
- Una vez dentro, dirígete rápidamente con la ardilla terrestre hacia tu clan original y pídele que te espere sin intervenir durante tus experiencias. Empezarás a ver una o varias imágenes de esos primeros recuerdos. Mírate los pies. ¿Qué llevas puesto? Siéntate y permanece con tu clan. ¿Dónde estás? ¿Qué te rodea? ¿Estás en una cueva? ¿Qué clase de morada utiliza tu clan? ¿Quién está contigo? ¿Ves una hoguera? ¿Ves comida? ¿Hay armas cerca? Y si las hay, ¿de qué tipo son? ¿Hay miembros de tu clan que visten de determinada manera? ¿Llevan ornamentos?

- ¿Cuál es el clan espiritual? ¿Quién es la madre del clan? ¿Qué sientes por ella? ¿Te resultan familiares los demás? ¿Cuáles son sus creencias y cuál es su tótem? Apúntalo todo. Apunta a cada persona. Comunícate con ellas, de mente a mente. Pregúntales si te enseñarán algunos cantos, danzas o secretos del clan. Pregunta acerca de las historias de tu clan. Pide que se te muestre cualquier punto de referencia que resulte importante para el clan. ¿Existe alguna otra información que tu clan querría compartir contigo? ¿Cuáles son las tradiciones de tu clan? Intenta recabar tanta información como puedas y comprométete a recordarla conscientemente.

- Todo ello puede llevar su tiempo, así que hazlo a tu propio ritmo. Cuando estés listo, querrás despedirte de la gente de tu clan. Agradéceles que hayan estado ahí en el recuerdo. Cuéntales lo feliz que te sientes de haberlos encontrado y diles que volverás de visita y para aprender más de ellos. Despídete y pídele a la ardilla terrestre de trece rayas que te haga regresar a través del portal temporal. Agradécele su ayuda una vez más. Despídete de ella y asegúrale que continuarás buscando su ayuda.

- A continuación, regresa a tu manera a una consciencia totalmente despierta en el presente y abre los ojos.

• Despierto y feliz a causa de tu experiencia, y recordándolo todo, escríbelo en la libreta.

Ten en cuenta que esa es la tarea. Este volver a conectar con la energía primigenia de tu clan espiritual original puede representar una profunda purificación emocional. Tiene la posibilidad de revitalizar tu fuerza vital y bendecirte de formas distintas. Una vez que veas con claridad tus pasos por tus vidas anteriores, te darás cuenta de que eso representa una gran purificación y liberación, una recompensa merecida por tu esfuerzo: liberarte del sufrimiento y nacer a una nueva libertad.

Este trabajo se presenta como un arte, como un lenguaje olvidado, un trampolín hacia la exploración y el descubrimiento de uno mismo. Los clanes espirituales son una historia, una narración, el primero de nuestros *zeitgeists*.

Hace tiempo, en una época lejana y perdida, estos clanes fueron los lentes a través de los que nuestros antepasados interpretaron el mundo. Descubrir tu clan espiritual es como despertar tras un período de amnesia y recordar cuando la gente se comunicaba desde el corazón.

8

DEL TIEMPO Y LOS VIAJES EN EL TIEMPO

Tal vez a estas alturas ya hayas tenido una epifanía o al menos un vislumbre de tu clan espiritual. Si estás al principio de tu periplo hacia vidas pasadas, querrás mantener limpio y despejado de confusión el camino que tienes por delante, sin falta de concentración, sin pereza y libre de cualquier otro impedimento. Andas en busca de un tipo de encuentro especial a fin de poder liberarte de las ataduras de vidas pasadas que te limitan en la vida presente. La tarea consiste en buscar en tu interior un conocimiento de todas las encarnaciones previas y un despertar de tu identidad perdida, de tu estirpe espiritual.

La tarea chamánica es una brújula que señala el camino hacia el triunfo sobre la ignorancia y la confusión. Acepta la posibilidad y la luz. Que te reúnas con tu clan espiritual, que llegues a conocer a tu verdadero ser, tal y como siempre han enseñado profetas y filósofos. Has de saber que hallarás lo que buscas.

SOBRE EL AUTOR

David Carson vive en Taos (Nuevo México). Nacido y criado en Oklahoma, pasó mucho tiempo con ancianos nativos americanos, madres de clanes, guardianes del conocimiento, narradores, curanderos, chamanes y hombres y mujeres «santos». Es el coautor del éxito de ventas *Las cartas de la medicina* (publicado por Editorial Sirio).